좌표 담론

기억과 이해의 길

지은이
박 종 화 hwapark@knu.ac.kr

도시와 지역 공간에서의 '흐름과 관계'를 탐구하는 연구자다. 보다 나은 사회를 만들어 가는 과정에 도움이 되는 생활 속의 이야기나 처방에 관심이 많다. 일상 속에서의 이야기나 경험, 기억들을 통해 과거를 돌아보고 미래를 예견하는 것을 즐긴다. 경남 밀양 출생으로, 경북대학교에서 행정학을 전공한 뒤 미국 럿거스대학교(Rutgers University) 도시계획 및 정책개발학과에서 개발전략 연구로 박사 학위(Ph. D.)를 받았다. 1998년에는 국립 싱가포르대학교(NUS) 부동산학부에서 펠로우십 교수로 강의했으며, 2007년에는 미국 윌리엄스대학(Williams College) 경제학부에서 연구교수를 역임했다. 2019년 여름에는 중국 베이징의 중국인민대학 공공관리학부에서 서머스쿨 강좌를 맡았다. 2009년에는 한국정부학회 회장을 역임했으며, 2022년에는 경북대학교 학술상을 수상했다. 현재 경북대학교 행정학부 교수이자 공공문제연구소 겸임연구원으로 재직 중이다.

최근 10여 년간, 도시 및 지역 개발 과정에서의 신뢰 관계와 네트워크를 핵심 구성 요소로 하는 사회적 자본의 정책 적용 측면을 집중 연구하고 있다. 일반 시민과의 직접적인 만남과 대화를 전제할 때, 관련 콘텐츠의 ABC가 무엇일지를 염두에 둔 두 번째 결실이 바로 이 책『좌표 담론 – 기억과 이해의 길』이다. 2021년 출판된『관계 담론 – 좋은 사회로 가는 길』은 주로 사회적 관계 내지 사회 속에서의 관계의 문제를 다룬 반면에『좌표 담론 – 기억과 이해의 길』은 개인의 선택상의 이슈, 방향, 애로점 등에 초점을 두었다. 이 두 책은 상보적 성격이기 때문에 좋은 짝이 될 수 있을 것 같다. 지은이는 지금까지『현대입지론』(2009년 대한민국학술원 선정 우수학술도서),『갈등관리론』,『도시경영론』,『지식도시론』(2012년 대한민국학술원 선정 우수학술도서),『집합적 행동논리와 사회적 자본 담론』(2019년 대한민국학술원 선정 우수학술도서) 등 여러 권의 책을 저술했다.

좌표 담론 기억과 이해의 길

찍은 날 2023년 11월 28일 • **펴낸 날** 2023년 12월 5일 • **지은이** 박종화 • **펴낸이** 홍원화
펴낸 곳 경북대학교출판부 • **출판등록** 1973년 10월 10일 ㉣97호
주소 대구광역시 북구 대학로 80 • **전화** 053-950-3830 • **팩스** 053-953-4692
이메일 press@knu.ac.kr • **홈페이지** http://knupress.com
ISBN 978-89-7180-622-7 03330

정가는 뒤표지에 있습니다.
파본은 바꾸어 드립니다.

이 책은 친환경 재생용지를 사용하여 제작되었습니다.

좌표 담론

기억과 이해의 길

차 례

프롤로그

중국 베이징의 중국인민대학 정문을 지나면 바로 눈앞에 '실사구시實事求是' 글귀가 각인되어 있는 큰 돌판을 마주하게 된다. 실질보다는 관념에 빠져 자신들이 최고인 줄 알았던 중국이 근세 이후 서양과의 맞대결에서 그것이 아니라는 사실을 깨닫고 자성과 경각의 의미로 새겨 놓은 글귀다. '실사구시'는 조선 실학자들의 주장이기도 했다. 학문의 실용성보다 엄격한 교조적 관념성에 치우친 것은 우리 조선이 중국보다 훨씬 더했다. 유성룡의 『징비록』에는 명군 장수 이여송이 왜군과 대치하고 있는 우리 지도층에게, 명나라에서는 성리학보다 실천성이 강한 양명학에 대한 논의와 실천이 활발한데 조선에서는 왜 이런지를 묻는 장면이 나온다. 역사에서는 가정이라는 것이 의미없다고들 한다. 누구도 시간을 되돌릴 수 없기 때문이다. 그런데 정말 그럴까? 과거의 경험과 기억을 현재에 소환하는 것은 과거를 다시 불러오기 위함이 아니다. 당연히 과거의 기억에 대한 이해를 통해 현재의 우리를 돌아보고 미래를 대비하기 위함이다. 언제나 그런 것은 아니지만, 시간의 궤적은 낯익은 모습을 우리에게 반복적으로 드러내며 과거를 탐색하는 우리에게 손짓하기도 하고 경고를 보내기도 한다.

'지옥의 전쟁'이라는 7년간의 임진왜란에서 사실상 조선이 승리했다면 어떻게 되었을까? 다른 것은 다 놔두고, 7년 전쟁의 막바지 무렵 조선, 일본, 명이 모두 극도로 지치고 한계에 이르렀을 때, 적의 필살기인 '마지막 계략'에 우리가 걸려들지만 않았다면 어떻게 되었을까 하는 것이다. 누구도 그렇게 주장하지 않고 있지만, 고니시 유키나가와 가토 기요마사의 합작 계책에 우리 조정이 걸려들지만 않았으면, 최후의 승자는 조선이 될 수 있었다고 나는 생각한다. 관련 내용을 이 책「세 개의 어구」장에 밝혀 놓았지만, 고니시가 부하인 요시라를 통해 던진 미끼를 권율이나 선조가 덥석 물고 자중지란으로 이순신을 제거하지만 않았다면 어떻게 되었을까 하는 것이다. 그랬다면 당연히 원균이 주도한 수군이 칠천량 해전에서 대패하는 일도 없었을 것이다. 역전의 용사들과 함께 강력한 조선 수군이 건재했을 것이고, 도요토미의 유언과 죽음으로 철수를 시두르던 일본군에게는 또 다른 지옥이 기다리고 있었을 것이다. 보급이 차단되고 수송선이 부족한 상황에서 일본군 수만 명에게는 항복밖에 대안이 없었을 것이다. 그랬다면, 전후의 협상 과정에서 조선이 우위에 설 수 있었을 것이다.

고니시는 적이지만 지혜로운 장수였던 것 같다. 흡사 10년간의 트로이 전쟁 당시 '트로이 목마' 계책으로 그리스에 최후의 승리를 안겨 준 오디세우스를 연상시킨다. 장사꾼이었던 고니시의 기질이 십분 발휘된 것이겠지만, 언제나 퇴로를 생각하고 미래의 예기치 못한 상태를 대비해 미리 적과의 소통 채널을 확보해 두는 그의 용의주도함은 놀랍다. 어쨌든, 조선 수군의 역량을 십분 발휘해 전쟁의 최후의 승자가 조선이라는 인식을 조선인 모두가 공유할 수 있었다면 어떻게 되었을까? 분명한 것은, 우선 우리 조선이 기질상 신명을 내 아마 훨씬 더 적극적으로 미래를 대비해 나갔을 것이라는 점이다. 자신감을 가지고 상대의 장점을 보다 적극적으로 수용해 갔을 것이다. 당시 일본의 조총은 이미 기술적 측면에서 세계적 수준이었다. 조선이 대량 노획한 일본군 조총을 통해 기술 발전을 해 갔으면, 그 이후에 직면한 병자호란이나 정묘호란도 전혀 다른 양상으로 전개되었을 것이다. 조선의 역량이 만만치 않다는 것이 알려졌으면 당시 일본과 활발한 교역을 하던 네덜란드 등 유럽 상인들의 인식도 달라졌을 것이다. 당시 조선은 세계 최고 수준의 백자와 청자 제조 역량을 가지고 있었으므로 유럽인들이 그토록 원하던 자기를 수출하여 부를 축적하고 국제 교역을 주도하는 기회 또한 포착할 수 있었을 것이다. 당시 자기의 효용성과 제조 기술 수준은 21세기의 반도체의 효용성과 제조 기술 수준과 다를 바 없다. 무엇보다도 조선인 모두가 '실용성의 의미'를 적극적으로 생각하는 계기가 되었을 것이다. 정말 그랬다면, 약 300년 후 19세기 말 격동의 세계정세 속에서 조선이 영국이나 미국의 동아시아 파트너가 되지 못할 이유가 없었다.

이 책의 전편이라 할 수 있는 『관계 담론 - 좋은 사회로 가는 길』 독자 중 몇 사람이 10개의 꼭지로 나누어져 있는 사회 현상에 대한 인식과 처방이 자신들에게 편하게 다가왔다는 이야기를 해 주었다. 아마 그랬다면 그것은 나의 현실 인식과 행동의 기준값이 우리가 통상적인 기대치라고 인식하고 있는 값에 비해 좀 낮게 설정되어 있기 때문일 것이다. 그리고 나아가야 할 길 역시 특별한 안내판이나 상세한 안내문 없이도 쉽게 다가갈 수 있도록 친숙한 이야기 형태로 책 내용이 짜여 있기 때문이었을 것이다. 문턱이 낮은 곳은 그렇지 않은 곳에 비해 드나들기 쉽고, 실내 상황이 낯익고 단순명료하면 뭐 특별히 신경 쓸 것 없이 그냥 누구나 자연스럽게 행동할 수 있는 게 당연하다. 우리의 행동 기준을 매우 훌륭한 사람들의 그것에 맞추면 우린 그 행동 기준을 일상에서 충족시켜 가는 것이 쉽지 않다. 뇌과학자들이나 행동경제학자들의 최근 연구 결과에 따르면, 훌륭한 사람들의 행동이 옳다는 것을 알면서도 현실에서 그것을 따라 하기 힘들면 보통 사람들은 70%나 60% 따라 하는 것이 아니라 아예 외면해 버린다고 한다. 그렇다면 '좋은 사회로 가는 길'은 우리의 행동 기준을 훌륭한 사람들의 그것에 맞출 것이 아니라 지난달의 자신 또는 지난해의 자신에게서 5~10% 나아진 자신의 모습에서 찾을 수 있다.

공자는 '사람을 아는 것[知人]'이 '아는 것[知]'이라고 했다. 사람은 자신과 비슷한 존재를 알기 위해 적어도 2,500년 이상 끊임없이 노력하고 애써 왔다. 이제 우리 모두가 사람을 안다는 것이 수학적인 아름다움으로 간명하게 정리되는 것이 아니라는 것쯤은 안다. 시인의 은유와 상상력으로 표출되는 우아함만으로 포착할 수 있는 것이 아니라는 것도 안다. 진보라는 측면에서 보면 사람에 관한 연구만큼 더디게 진전되는 것도 없다. 태양계를 벗어나는 우주선을 발사하고, 더 이상 나눌 수 없는 알갱이로 알았던 원자 속에 무엇이 들어 있고 어떻게 작동하는지를 실험 결과로 밝히고, 우주 만물 생명체의 기원으로 138억 년 전 빅뱅 현상을 설명해 내면서도, 정작 그 모든 현상의 해석과 설명의 주체이자 객체인 사람을 아는 데는 아직 많이 서툴다. 사람들은 과학기술의 발전 덕에 이제 육체노동을 훨씬 덜 해도 살아갈 수 있게 됐다. 대부분의 사람이 '허리가 휘는 노동'의 의미를 낱말로만 아는 시대가 됐다. 그러나 그렇다고 해서 사람들의 삶이 서로 더 잘 이해할 수 있을 만큼 여백과 여유가 있어진 것은 아니다. 모두가 매일 무얼 하는지 정신없이 바쁘게 산다. 조용한 시간 속에서 심심해서 책을 보거나 친구를 찾거나 들판을 거니는 한가함은 어디에서도 찾기 어렵다. 가족이나 친구 그리고 이웃들 간 끈끈함이라는 것을 찾기 어려워진 지도 오래되었다. 그저 대개 사회 속의 한 구성인자로 살아갈 뿐이다. 현대 도시 문명을 인간이 이룩한 것은 맞지만, 그 성취의 상당 부분이 인간의 본질적인 수요에 맞춰 형성된 것은 아니다. 인간의 삶을 편하고 효율적으로 만들기 위해 현대적 생활 환경이 만들어진 것은 분명하지만, 그것이 기본적으로 인간의 욕망이나 허상의 반영일 가능성 또한 무시할 수 없다.

백과사전을 가지고 있거나 심지어 그 내용을 다 외운다고 해도 그 자체로 우리가 작가가 되거나 철학자가 되는 것은 아니다. 쓸데도 없는 물품을 대량 생산하고 소비하여 궁극적으로 필요 이상으로 자연을 오염시킬 경우 우리는 그 결과를 무엇으로 부를 것인가? 고등 유기체로서의 인간이 생존하기 위해서는 생산과 소비가 필수적이지만, 그 자체로 모든 행동이 당연히 받아들여지는 것은 아니다. 사회적 신뢰성이나 네트워크가 삶의 여정에서 중요하다고 하지만, 그렇다고 해서 그와 같은 논의가 사회 구성원들이 모두 서로를 가족처럼 믿고 따라야 한다는 의미는 아니다. 그건 현실적으로 가능하지도 않고 바람직하지도 않다. 다양한 사람들이 한데 어울려 살아가는 것이 필수적이라면, 우리는 어떤 형태로든 모두가 받아들일 수 있는 공통 규범이나 규칙 그리고 비전을 개발하고 활용해 가야 한다. 그런데 추상적인 형태의 이런 가치 추구 노력들이 그렇게 환영받지 못하는 분위기가 현실에 만연하고 있다. 심지어 바람직한 가치들을 공유하고 물려주고자 하는 시도

중 일부는 배척되거나 경멸받고 있는 상황이다. 어떻게 해야 하는가? 우리는 자신 또는 우리 가족만 생각하면 되는가? 그렇지는 않을 것이다. 여기에는 두 가지 주요 사유가 있다. 우선, 우리 자신 또는 우리 가족만으로는 그런 가치 공유나 형성이 용이하지 않다. 잘 안 된다. 심지어 가족 피로 시대가 아닌가. 그리고 우리 자신 또는 우리 가족만으로는 그런 가치 추구나 공유의 의미가 별로 없다. 원래 그런 가치는 더불어 널리 공유함으로써 의미가 있고 의미가 확장되는 것이다. 가치는 공동의 노력으로 만들어 가는 것이지 하늘에서 뚝 떨어지거나 돈으로 거래할 수 있는 것이 아니다. 사회나 국가가 그 구성원들을 하나로 묶어 주는 가치를 공유하지 못하면 구성원 각자는 배려와 협력보다는 의심과 질시로 나아가기 쉽다. 공동체 정신을 키우지 못한 사회에서 그 구성원들이 서로를 위해 희생하지 않고 위험을 감수하지 않는 것은 어떻게 보면 당연한 것이 아닌가. 여기서 우린 어떻게 해야 하는가. 한 가지 분명한 답은 우린 서로 얼굴을 맞대고 관련 담론을 계속 나누어 가야 한다는 것이다. 이야기는 통제할 수 없는 것들을 통제 가능한 변수로 치환하는 놀라운 능력을 가지고 있다. 이야기라는 거미줄은 그렇지 않았더라면 그저 공기 중에 흩어져 버렸을 수많은 사연과 느낌 그리고 흔적을 하나의 통 속에 담아 거듭 살펴보고 끄집어낼 기회를 마련해 준다. 그 과정에서 우리는 상대에 대한 공적 공감public empathy 형태로 새로운 지향점을 발견하고 공유할 수 있게 된다.

현대 사회는 모든 것을 분절해서 깊이 파악하는 전문화 과정 속에서 지식이 파편화되는 문제를 겪고 있다. 오늘날 사람들은 전문화 과정에서 많은 정보를 생성하고 받아들이고 있지만, 동시에 그 정보의 내재적 의미를 연결하거나 통합하는 방식에는 미숙한 경향을 보인다. 전문적 정보나 지식을 습득하는 양은 늘어나고 있지만, 동시에 종합적 이해력과 통합적 시각이 결여되는 양상을 드러내고 있다. 몇몇 천재들의 비범한 능력에 의한 통합적 통찰의 결과물을 널리 향유하고 있지만, 그럴수록 일반 사람들은 점점 더 자신의 길에서 방향 감각을 상실하기 쉽다. 자신만의 고유한 사고 역량을 기르지 못함으로써 통합적 이해력과 함께 직관력을 점점 더 상실하고 있다. 정보와 지식의 풍요기에 외적 경험과 내적 상상이 불일치하게 됨에 따라 사고의 생산성이 떨어지게 되고, 결과적으로 문법에는 통달했는데 사고는 빈약한 소설가처럼 된 것이다. 우리는 어쩌면 아무도 원치 않는 정보와 지식의 암흑 터널 속을 이 방향이 맞는지 틀린지도 모른 채 걸어가고 있는지 모른다.

자기 결정권이 없는 삶을 영위할 수밖에 없는 사회는 우리가 지향하는 사회가 아니다. 자신의 인생의 목적이 무엇인지 돌아보고, 그 여정에서 성취하고자 하는 것은 무엇이며, 주변 사람들이 아니라 자신이 진정으로 중요한 가치라고 생각하는 것들은 무엇인지 생각해 볼 수 있어야 한다. 다만, 우리 삶이 사업계획서처럼 명료하게 제시될 수 있는 것은 아닐 것이다. 큰 목표는 존재하겠지만 그 목표에 도달하는 여정 및 방법의 선택은 그 누구도 미리 명료하게 하기 어렵다. 어떤 단일한 방법이나 원칙 내지 관점만으로는 삶이란 긴 여정을 제대로 꾸려 가기 힘들 것이다. 오히려 대양을 항해하는 배처럼 맑은 날에는 맑은 날에 맞춰 나아가고 폭풍우가 몰아치면 폭풍우를 헤쳐 가는 항해를 할 필요가 있다. 바람과 파도에 맞춰 배를 이끌어야 어떤 경우에도 난파하지 않고 목적지를 향해 나아갈 수 있는 것이다. 제대로 된 항해에는 좌표coordinates와 회복탄력성resilience이 핵심이다.

심리학자 배리 슈워츠는 인생의 여정에서 선택할 것이 많으면 많을수록 우리 삶의 질이 높아지는 것은 아니라는 점을 강조했다. 선택지가 늘어나면 우리의 삶이 풍요로워질 것으로 흔히 생각하지만, 오히려 지위 불안과 우울증에 취약해질 수 있다는 것이다. 현대 도시 문명의 특성상 소속감과 연결감을 확보하기가 어려운데, 욕망에 취약한 우리는 상실에 대한 두려움으로 인해 자기착취적 노동에 빠지게 되고 쉽게 좌절하게 된다는 것이다. 삶의 여백을 확보하는 과정에서 우리는 정신없고 너저분한 삶에서 벗어날 수 있다. 삶의 여백이 있을 때 비로소 우린 삶에서 진정으로 의미 있는 것들이 무엇인지를 찾아내고 향유할 수 있다. 여백이 없는 삶에서는 욕망의 본질을 제대로 간파할 수 없고 욕망에 휘둘리지 않는 자유로운 삶을 영위해 갈 수도 없다. 사실 절제와 만족은 우리 삶에서 자동차의 브레이크 같은 것이다. 절제와 만족의 덕목은 육체의 근육 강화와 같이 지속적인 훈련이 필요한 영역이다. 개인차가 있겠지만 그 누구도 날 때부터 온전히 배워 태어나는 것은 아니다.

삶에서 반드시 해야 할 일은 무엇일까? 삶은 나고 죽는 것 사이의 선택 행위이자 결과라는 말도 있지만, 그중 반드시 해야 할 일들이 있을 텐데 그것은 무엇일까? 반드시 해야 할 일을 순전히 부주의로 인해 미리 챙기지 못하고 그저 흘려보내 버린다면 그건 보통 일이 아니다. 반드시 해야 할 일은 힘들고 시간이 걸리고 돈이 많이 든다고 해서 하지 않을 수 있는 일이 아니다. 세부 내역은 잘 모르지만, 현대인에게 가장 중요한 것 중의 하나는 좌표, 즉 자신의 위치를 파악하고 나아갈 방향을 찾는 것이라고 생각한다. 현재의 위치나 나아갈 방향을 잘못 이해하거나 선택하게 되면, 열심히 나아갈수록 점점 더 돌아오지 못하는 길로 나아가게 된다. 중국 당나라의 승려 현장玄奘은 7세기 초반 서역과 천축(인도)으로 불경을 구하러 떠나면서 위구르어로 '돌아오지 못하는'이란 뜻으로 이름 붙여진 타클라마칸 사막을 가로지른다. 전설 같은 이야기에 의하면, 현장은 익주 공혜사에서 만난 관세음보살이 전해 준 '반야심경'을 외면서 온갖 고난을 헤치며 사막을 건너간 것으로 알려져 있다. 동서로 1,000km, 남북으로 400km에 이르는 죽음의 사막, 한반도의 1.5배 크기의 타클라마칸 사막의 가장자리 길을 잡아 가면서 그는 무슨 생각을 했을까. 물 한 통, 늙은 노새 한 마리에 의지해 '돌아오지 못하는 길'을 간 현장의 이러한 선택과 의지를 우리 모두가 따라 할 수 있는 것은 아니다. 우리에겐 보다 분명하고 보다 일상적인 좌표가 필요하다. 같은 맥락에서, 이 책은 인간에게서 가장 보편적인 또는 보편성의 거울이 되는 선택과 행로를 '기억과 이해'라는 맥락에서 다뤘다. 우리가 이런 기억과 이해의 길을 함께 걸어갈 때, 우리의 아픈 기억들은 아픔으로 끝나지 않고 새로운 희망이 될 수 있다.

현장이 16년간의 긴 여정 후 귀국하자 당 태종 이세민은 현장에게 어차피 백성을 위하는 것은 동일하니 이제 승복을 벗고 조정에 출사하여 자신을 도와줄 수 없는지를 묻는다. 그때 현장은 그 유명한 '물 밖의 배 이야기'를 한다. 자신이 조정에 출사하는 것은 흡사 배를 물 밖에 끌어내는 것과 같아, 쓰임새를 잃고 이윽고 썩게 되어 폐만 된다는 것이다. 배는 물위에 있어야 한다며 당 태종의 청을 거절한다. 현장의 16년간의 긴 여행

길이 어떤 좌표를 향하고 있었는지, 그리고 얼마나 아름다운 길이었는지를 보여 주는 이야기다. 우리들의 기억과 이해의 길 또한 그 나름대로 열심히 가면 그 자체로 의미 있는 길이 될 수 있다는 신호인 것 같아 기쁘다.

박 종 화

차마

‘차마 외면하지 못하는’ 아름다운 마음은
어두운 밤 등대의 불빛, 달빛, 또는 캄캄한 대지 속을
헤집고 다니는 봄비의 흔적과 같은 것이다.
다만 그것이 어느 곳에서 언제 어떤 모습으로 나타나는지
우리는 모르고 있을 뿐이다.

깔끔하게 잘 차려입고 단정하게 보이는 한 여인이 로마 시내 길거리 벤치에 기대어 있다. 밤이 깊어 주변에 지나다니는 사람도 별로 없다. 가로등 불빛 때문에 누가 누구인지 알아볼 수 있을 정도로 주변이 훤하다. 벤치에 앉았는지 누웠는지 불분명한 상태의 젊은 여인은 작은 소리로 계속 횡설수설한다. 술 취한 여인의 전형적인 모습이다. 늦은 밤 택시를 잡으려는 한 젊은 남자가 그 옆을 급히 지나간다. 조금 전까지 친구들과 포커 게임에 빠져 있던 그는 오늘 주머니에 든 돈을 탈탈 털리고 겨우 지폐 한 장만 챙겨 집으로 돌아가는 중이다. 해 뜨면 꼭 챙겨야 할 중요한 인터뷰가 있기 때문이다. 그렇지 않아도 그의 일 처리를 못마땅해하는 편집장의 둥근 얼굴이 등 뒤에서 째려보는 것 같아 기분이 영 개운치 않다. 뭔가 특종을 내서 요즘 자신을 위태위태하게 바라보는 사무실 분위기를 일거에 바꿨으면 싶은데, 제대로 되는 일이 하나도 없다. 흑백영화 시대의 끝 무렵, 미남 미녀 배우의 대명사였던 그레고리 펙과 오드리 헵번이 영화 〈로마의 휴일Roman Holiday〉 도입부에서 우연히 마주치는 운명적인 장면의 캐리커처다. 신문 기자였던 조 브래들리(그레고리 펙 분)는 그냥 지나치려다가 로마의 밤거리에서 단정한 차림의 예쁜 여인이 횡설수설하는 중에도 존 키츠의 시를 읊자 그를 외면하지 않고 도와준다. 적어도 이 깊어 가는 밤에 관광객을 유혹하는 길거리 여인은 아닐 것이라고 판단한 것이다. 우여곡절 끝에, 진정제 주사 때문에 로마의 밤거리를 헤매며 횡설수설하는 반수면 상태의 공주를 별 볼 일 없던 기자 조가 자신의 2층 방에 재우게 된다. 70년이라는 세월이 지났어도 사람들에게 미소를 안겨 주는 로맨틱 코미디 영화 〈로마의 휴일〉의 시작 부분이다. 아마 이 영화는 100년 후나 200년 후에도 사람들이 공감하고 꿈꾸는 그런 멋진 영화로 남을지 모른다.

훨씬 최근, 불과 한 세대 전에 대중을 사로잡았던 팝송으로, 영화 〈로마의 휴일〉 도입부와 그림이 비슷한 노래를 하나 여기서 꺼내 보자. 필 콜린스에게 빌보드 차트 정상, 그래미 어워드를 안겨 준 〈낙원에서의 또 하루Another day in paradise〉다. 근데 이 노래의 가사는 〈로마의 휴일〉 도입부와 그림이 엇비슷하지만 내용은 전혀 딴판이다. "그녀가 거리에서 한 남자에게 외치죠. / 선생님, 저 좀 도와주실 수 없나요? 날씨는 춥고 저는 잠잘 곳이 없어요, 어디 제게 말씀해 줄 수 있는 그런 곳 없나요? / 그 남자는 걸어가면서 돌아보지도 않네요. / 그는 들은 척도 않고 휘파람까지 불며 길을 건너가 버리네요, 거기 서 있는 제가 당혹스러워졌어요. / 오, 한 번 더 생각해 봐요. 그대와 내가 낙원에서 보내는 또 다른 날임을. ……" 영화 〈로마의 휴일〉에서 조가 밤거리의 낯선 여인을 자신의 방으로 데려오는 상황과 너무 다른 슬픈 현실이다. 필 콜린스의 노래 속 남자는 낯선 여인의 부름을 못 들은 척한다. 거리의 여인으로 생각했든 노숙자로 여겼든 그 남자는 그 여인의 절박함을 외면해 버린다. 휘파람을 부는 행동을 통해, 상대의 절박함을 감지했지만 감지하지 못한 척 대처하겠다는 신호를 상대와 자신에게 분명하게 전달한다. 발전했다는 서구 산업사회에서 거리의 여인들이 늘어나고 노숙자들이 길거리를 점유하고 있는 현실은 어제오늘의 문제가 아니다. 특히 새로운 경제 환경에 적응하지 못하는 보통 사람들이 대도시에서 노숙자나 거리의 여인으로 굴러떨어지는 경우가 점점 늘고 있는 것이 불편한 현실이다. 노래 속의 남자나 우리가 외면하는 것은 슬픈 현실이 비친 거울 속의 불편한 형상들과 그 그림자들이다.

영화나 노래가 대중의 공감이나 사랑을 받기 위해서는 현실 그대로를 기술해서도 안 되지만 현실을 벗어나서도 안 된다. 일상에서 우리는 남을 도와주기도 하고 남에게 도움을 받기도 하지만, 적극적으로 남에게 도움을 베푸는 경우는 그렇게 흔치 않다. 각각의 삶이 그렇게 여유가 있지 않다. 다만 보통의 우리는 적어도 자신에게 큰 부담이 안 되면서 자신이 착한 일을 하고 있다는 인식이 드는 경우, 대개 도움을 베풀겠다는 생각을 하고 있고, 실제로 물어보면 대개 그렇게 응답한다. 물론 현실에서 그것을 실천하느냐는 또 다른 문제다. 다만 선행의 대상이 노약자이거나 선행에 대한 보답까지 받을 수 있을 것으로 예상되는 상황이면 대개 더 적극적으로 도움을 베풀 것이다. 영화 〈로마의 휴일〉에서 조가 앤(오드리 헵번 분)을 외면하지 않고 도와준 것은 앤이 단정한 용모와 옷차림을 하고 있었고 횡설수설하는 중에도 키츠의 시를 암송하는 모습에서 품격이 느껴졌기 때문이다. 이전에 한 번도 만난 적이 없는 사람들 간에도 용모나 행색 그리고 사용하는 언어 등에 의해 신뢰가 생겨나는 것으로 알려져 있다.[1] 〈낙원에서의 또 하루〉라는 노래에서 남자는 일단 용모나 옷차림 그리고 상황 등을 통해 그 여인을 길거리 여인 또는 노숙자로 생각하고 외면했을 것이다. 그렇게 보면 두 상황이 전혀 다른 것 같지만 동일 맥락에 놓여 있다고도 볼 수 있다. 도움을 받을 만한 상황에 있음으로써 도움을 받았고, 도움을 받을 만한 상황을 갖추지 못해 도움을 받지 못했다는 것이다. 그런데 우리 인간에게 감동을 주고 자신을 돌아보게 하는 것은 이런 상황이나 선택의 순간은 아니다.

> "저 놈이 어떤 놈인지 알게 뭐야. …… 저렇게 벌거벗은 사람에게 뭘 어떻게 하겠어? 옷을 몽땅 벗어 줄 수는 없는 노릇이잖아. 에라, 모르겠다. 그냥 가자!"

위 인용문은 레프 톨스토이의 단편소설 『사람은 무엇으로 사는가』의 도입부에서 주인공이 한 말이다. 가난한 구두장이 세묜과 아내 마트료나 부부는 길에서 얼어 죽을 뻔한 사내인 미하일을 살려 그와 함께 살아간다. 사실 올겨울을 날 털가죽을 사기 위해 마을에 갔던 세묜은 밀린 외상값을 제대로 못 받게 되자 돈이 부족해 원래 사고자 했던 털가죽을 못 산다. 되는 일이 없다고 생각한 세묜은 우울한 마음에 마을 술집에서 술 한잔을 걸치고 투덜대며 터벅터벅 집으로 돌아온다. 찬 날씨에 잔뜩 웅크리고 걷던 세묜은 그 와중에 길모퉁이 작은 예배당 옆에서 벌거벗은 채 쓰러져 있는 한 젊은이, 미하일을 우연히 발견하게 된다. 세묜의 첫 번째 반응은 인용문의 독백처럼 여러 가지 합당한 사유를 대며 못 본 척 지나치는 것이었다. 하지만 이내 양심의 가책을 느낀 세묜은 그 자리로 돌아가 자신의 낡은 옷을 벗어 주며 미하일을 도와준다. 아내 마트료나는 이제나저제나 따뜻한 외투를 만들 털가죽을 가지고 돌아올 남편을 기다리고 있는데, 털가죽도 없이 술까지 걸치고 생판 처음 보는 낯선 남자를 데리고 집으로 들어온 남편 때문에 기가 막힌다. 자신들이 먹을 빵도 넉넉하지 못해 며칠 동안 애를 태우고 있는데 군식구까지 끌고 들어온 남편 때문에 머리끝까지 화가 치민다. 하지만 착한 마트료나는 미하일이라는 낯선 청년에게 소박한 음식을 대접한다. 그리고 그들은 어쨌든 힘을 모아 6년간 함께 삶을 꾸려 간다. 톨스토이는 착한 구두장이 부부를 통해 우리 인간은 사랑 없이는 살 수 없는 유한한 존재라는 것과 차마 외면하지 못하는 착한 마음이 신의 뜻이라는 것을 보여 준다.

톨스토이는 불교의 가르침에 많은 영향을 받았다는 설이 전해지고 있다. 인간의 삶에서 정말 중요한 것이 무엇인지, 왜 우리가 끊임없이 자신을 돌아보며 살지 않으면 안 되는지를 그의 작품 속에서 반복해서 다루고 있기 때문이다. 물론 종교의 가르침이라는 것이 대개 인간 삶의 유한성과 인식의 유한성에서 출발하지만, 덧없는 쾌락에 눈이 먼 삶이 얼마나 무상한 것인지를 특히 부처가 거듭 설파하고 있기 때문이다. 부처의 설법 중에 '흰 쥐와 검은 쥐의 이야기'가 있다.[2] 길 잃은 나그네가 넓은 벌판을 헤매고 있는데 갑자기 미친 코끼리 한 마리가 자신을 향해 달려온다. 깜짝 놀란 나그네가 정신없이 도망가는데 마침 저쪽에 우물이 하나 보인다. 급히 우물 속에 숨은 나그네는 우물 밑을 바라보니 우물 바닥에 독룡이 붉은 혓바닥을 날름거리며 지켜보고 있다. 우물 벽에 있는 칡넝쿨을 잡고 우물 속으로 내려가지도 못하고 옆을 바라보니 우물 벽에도 독사 네 마리가 여기저기 자리를 잡고 있다. 우물 밖에는 미친 코끼리가 배회하고 있고 우물 바닥에는 독룡이 자리 잡고 있으며 우물 벽 역시 이곳저곳 독사들이 자리 잡고 있어 나그네는 이럴 수도 저럴 수도 없다. 두 손으로 칡넝쿨을 꼭 잡은 채 고민하고 있는데 칡넝쿨을 타고 벌집의 꿀이 방울방울 떨어진다. 나그네가 칡넝쿨에 의지한 채 떨어지는 다섯 방울의 꿀을 빨고 있을 때 어디선가 흰 쥐와 검은 쥐가 나타나서 그가 잡고 있는 칡넝쿨을 갉아 먹는다. 여기서 길 잃은 나그네는 우리 보통의 인간이고, 넓은 벌판은 진리를 깨닫지 못한 어리석은 상태이며, 미친 코끼리는 무상한 세월이라는 메타포다. 우물은 세상이고 칡넝쿨은 생명이며 우물 바닥의 독룡은 죽음이다. 우물 벽의 네 마리 독사는 사람 몸을 구성하는 네 가지 요소(땅·물·불·바람)이고, 칡넝쿨을 갉아 먹는 흰 쥐와 검은 쥐는 낮과 밤이며, 칡넝쿨의 달콤한 다섯 방울의 꿀은 인간이 빠지는 다섯 가지의 욕망(재물욕·성욕·식욕·명예욕·수면욕)을 상징한다. 톨스토이의 중편 소설『이반 일리치의 죽음』의 기본 모티브가 위 설법 내용과 연결되어 있다는 설이 있다.

소설『서유기西遊記』에 등장하는 삼장 법사의 모델인 현장 법사는 실존 인물이다. 손오공, 저팔계, 사오정과 수많은 요괴가 등장하는『서유기』는 동양 사회에서 수많은 이들의 상상력을 자극하는 대표적인 소설이다. 스토리가 아주 흥미진진하고 다양해서 실제 사실과는 거리가 있는 것으로 보이지만, 핵심 인물인 현장의 파란만장한 여정은 사실에 토대하고 있다. 현장玄奘은 7세기의 인물로, 중국 하남성河南省 낙양洛陽 구씨현緱氏縣 출신이다. 속명은 성이 진陳이고 이름이 위褘다. 열 살 때 부친이 별세하자 정토사에 들어가고 열세 살 때 정식으로 출가한다.[3] 이미 인도로부터 중국에 불교 사상이 들어와 있었지만, 배움의 뜻이 강했던 현장은 불경이 턱없이 부족하고 경전 번역 역시 무질서하며 사상적 체계 역시 제대로 서 있지 못함을 안타까워한다. 불법의 해석이 수행자마다 다르자 부처님의 본뜻이 과연 무엇인지에 대한 의구심을 떨치지 못한다. 장님이 코끼리 만지는 식의 불법 공부가 되지 않기 위해서는 천축국(인도)에서 제대로 된 불법을 직접 배워야 할 것임을 절감한다. 제대로 된 불법을 배워 중국 백성들에게 부처님의 대자대비한 가르침을 올바르게 전달하기 위해 27세 때인 서기 629년 장안(시안)을 출발하여 천축국으로 향한다.[4] 장장 16년간의 엄청난 서역·천축국 여정을 마치고 그는 645년 장안으로 돌아온다. 그의 초인적인 여정의 기록이 그 후 그의 제자에 의해 『대당서역기大唐西域記』로 편찬된다. 현장의 『대당서역기』는 현재 7세기 초중반 중앙아시아의 풍속과 생활, 역사 지리, 불교사 연구에 귀중한 자료다.

지중해를 제패했던 로마인은 지구의 동쪽 끝부분에 황금으로 가득한 나라(중국)가 있다고 믿었고 중국 또한 서역에는 진귀한 보물로 가득한 나라가 있다고 믿었다. 하지만 항해 기술이 발달하기 전에 두 세계 간의 교류는 험준한 산맥과 끝없는 사막 그리고 중간 영역을 차지하고 있었던 아랍인들과 북쪽의 흉노족 등으로 인해 사실상 차단되어 있었다. 중국과 서역 간에는 자연 장애물로 톈산산맥과 타클라마칸 사막, 파미르고원, 힌두쿠시산맥 등이 가로놓여 있었다. 결과적으로, 동양과 서양은 한 무제의 적극적인 대외 팽창 정책이 결실을 맺는 기원전 100년경까지는 사실상 서로 다른 세계였다. 그러다 기원전 60년에 한이 흉노를 굴복시킴으로써 소위 총 6,400km에 이르는 실크로드가 개척되고 동양과 서양 간에 교류의 작은 문이 열리게 된다. 중국 장안에서 시작한 실크로드는 타클라마칸 사막의 남북 가장자리를 따라 파미르고원과 중앙아시아 초원으로 대개 나아갔다. 그런데 타클라마칸 사막만 해도 동서로 1,000km, 남북으로 400km 정도의 엄청난 크기로, 그 면적이 한반도 1.5배 정도에 달한다. '타클라마칸'은 위구르어로 '돌아올 수 없는'이라는 뜻으로, 실제로 타클라마칸은 죽음의 사막으로 여겨졌다. 현장이 대장정을 시작한 7세기 초반에는 실크로드가 개척되어 있었지만 그렇게 활성화된 상태는 아니었다. 현장이 서역으로 길을 떠난 629년은 중국에서 수가 무너지고 당이 건국된 지 얼마 되지 않은 시기여서 국경 통과가 엄격하게 제한되어 있었다. 따라서 관의 여행 허가를 얻을 수 없었던 현장은 관문이 있는 곳에서는 밤에 길을 걷는 방식으로 몰래 서역으로 넘어가야 했다. 여정 가운데 서역의 작은 나라였던 고창국高昌國에서 불심이 깊고 태자 시절 중국 장안과 낙양을 방문한 경험이 있던 왕에게 도움을 받기도 했지만, 천신만고 끝에 630년 겨울에 천축국에 첫발을 내딛게 된다. 현장은 현재 인도와 주변국들에 해당하는 천축국에서 먼저 석가의 수도처를 참배하며 헤아릴 수 없는 감상에 젖었을 것이다. 자신보다 1,000년도 더 전에 구도의 길을 떠나 열반의 길에 든 석가의 위대한 자취를 제대로 찾기 어려운 현실과 그 길에서 너무나 미약한 존재로서의 자신의 모습에 안타깝고 슬펐을지도 모른다.

현장이 장안을 떠나 서역으로 가는 도중에 관세음보살을 만났다는 전설 같은 이야기가 있다. 현장이 폐허가 된 익주益州 공혜사空惠寺에 도착해서 보니 거기에는 인도에서 온 한 승려가 나병을 앓고 있었다. 불쌍한 승려를 차마 내버리고 갈 수 없어 현장이 정성을 다해 치료해 준다. 이 인도 승려는 현장이 험준한 산과 사막을 건너 인도까지 직접 불경을 구하러 가는 길임을 듣고 「반야심경」이라는 짧은 불경을 하나 가르쳐 준다.[5] 이 불경을 외고 가면 도중에 직면하는 재난과 병을 모두 극복할 수 있을 것이라고 이야기해 준다. 그런데 현장이 중인도 한 사원에 도착해서 보니 공혜사에서 자신이 치료해 줬던 나병 승려가 그곳에 멀쩡한 모습으로 있다. 깜짝 놀라는 현장에게 그는 "나는 관세음보살이다."라고 하고는 홀연히 사라졌다고 한다.[6] 이는 영국 탐험가 마크 스타인이 둔황의 한 굴집에서 발견한 「당범번대자음 반야바라밀다심경」 경전 서문에 실려 있는, 현장과 「반야심경」과의 기이한 만남의 이야기다.[7]

워낙 험난한 길이라 현장의 구도 여정의 경험은 당시 귀중한 지적 자산이었을 것이다. 현장이 장안을 출발할 때는 국경 통과 허가가 내려지지 않았지만 16년 후 장안으로 돌아왔을 때는 황실과 백성들로부터 엄청난 환영을 받게 된다. 그때 당 황제인 태종 이세민은 궁궐로 현장을 불러 그의 여행 경험을 듣는 것을 매우 즐겼다고 한다. 심지어 어차피 백성을 위하는 것은 동일하니 승복을 벗고 이제 조정에 출사해 자신을 도와줄 수 없겠는지까지 묻는다. 이에 현장은 그 유명한 '물 밖의 배 이야기'를 한다. 자신이 조정에 출사하는 것은 흡사 배를 물 밖에 끌어내는 것과 같다는 것이다. 배를 물 밖에 끌어내면 쓰임새가 없어지며 이윽고 썩게 되어 아무런 쓸모가 없어진다는 것이다. 배는 물위에 있어야 하는 것이라며 현장은 당 태종의 청을 거절한다. 현장이 미남 승려라 대중들의 관심이 엄청났고, 얼굴이라도 한번 보길 원하는 사람들이 절로 몰려들어 현장이 수도를 할 수 없을 정도였다고 한다. 어쨌든 현장이 천신만고

끝에 구해 온 많은 불경들은 당 황실의 적극적인 지원을 받아 조직적으로 번역 작업이 이루어지게 된다.[8]

'구도의 길' 자체가 힘든 길이었겠지만, 현장의 행로에는 관세음보살이 보문시현普門示現하여 그의 길에 함께한다. 현장이 차마 뿌리치지 못해 공혜사의 나병 앓는 승려를 정성을 다해 간호하게 되는데, 그 아름다운 마음씨를 관세음보살이 헤아려 읽고 「반야심경」을 알려 주었을 수 있다. 또는 불법을 구하겠다고 대장정을 떠나는 현장이 과연 그런 재목이 되는지를 알아보기 위해 미리 관세음보살이 보문시현했을 수 있다. 어느 쪽이든 현장은 절박한 사람에게 절실한 도움을 베풀 수 있는 그런 진정한 구도자의 모습을 보여 준다.

K 드라마와 K 팝이 다양한 나라에서 인기를 끌고 있지만 그중 좀 특이하게 중동과 중앙아시아에서까지 인기를 누리는 드라마가 있다. 바로 현대적인 삶의 이야기가 아니라 고전적인 삶이자 의료인의 이야기를 담은 드라마 〈허준〉이다. 격동의 시기였던 16세기 후반과 17세기 초의 조선, 선조와 광해군 시절의 실존 인물과 실존 의서의 이야기를 바탕으로 창작한 『소설 동의보감』이 드라마 〈허준〉의 원전이다. 원래 이은성 작가가 드라마 극본으로 집필한 원고들이 토대가 되어 대하소설이 탄

생한 좀 색다른 경우다. 드라마 〈허준〉 이전에 1975~1976년 MBC에서 방영한 드라마 〈집념〉이 동일한 소재인 허준의 일대기를 다루었다. 드라마 〈집념〉의 인기 덕에 관련 영화와 관련 소설도 만들어지고 관련 드라마인 〈허준〉과 〈구암 허준〉까지 뒤이어 만들어진 특이한 경우다. 〈집념〉과 〈구암 허준〉에서 각각 허준 역으로 등장했던 배우인 김무생과 김주혁은 부자지간이다. 1999~2000년 64부작으로 MBC에서 방영했던 드라마 〈허준〉의 경우 전광렬이 허준 역으로, 이순재가 허준의 스승인 유의태 역으로 나온다. 경상도 산음에서 한양으로 과거를 보러 가던 허준은 충청도 진천 고을의 한 주막에서 유숙하게 된다. 그 주막에는 허준처럼 의과 시험을 보러 가는 여러 명의 의원들이 유숙하고 있었다. 그런데 그 마을에 위급한 환자들이 발생하게 되고 주막에 머물던 허준과 다른 의원들이 그들을 도와준다. 문제는 그 소문이 퍼지자 이웃 마을 병자들까지 주막으로 찾아와 의원에게 도움을 호소하게 된 것이다. 돈도 받지 않고 신묘한 치료를 해 준다는 소문이 퍼지자 진료받기를 희망하는 병자들이 매일매일 더 늘어나 그 수가 걷잡을 수 없게 된다. 과거 날이 촉박해지자 주막에 남아서 허준과 함께 진료를 보던 다른 의원들은 진료를 포기하고 떠난다. 이에 하루만 더 진료를 하고 떠나자고 다짐하던 허준은 그 하루가 또 다른 하루로 이어져 불가피하게 과거 시험장에 늦게 도착해 시험장에 들어가지도 못 하고 문밖에서 대성통곡을 한다. 진천 고을 사람들의 간절한 요청을 차마 거절하지 못한 허준은 자신과 가족의 간절한 소망인 의과 시험 기회를 놓쳐 버린다.

작가의 상상력은 극적으로 뻗어가, 그 시험에서 스승인 유의태의 아들인 유도지는 합격하게 되고 허준은 낙방자의 신세가 된다. 경상도 산음으로 돌아오는 길에 허준은 다시 진천 고을로 가서 지난번에 못 살폈던 절박한 환자들을 진료하고 한참만에 집으로 돌아오게 된다. 한편, 잡과이지만 의과에 합격하는 것은 장차 내의원의 의원이 되어 조정 유력자와 교분을 강화할 수 있고, 더 나아가 임금의 건강을 살피는 어의도 될 수 있는 경사였다. 따라서 유도지의 의과 합격 소식은 산음 고을의 자랑이 되고 현감까지 참여하는 축하 잔치가 마을 잔치로 유의태의 집에서 성대하게 열린다. 마침 이 자리에 허준의 의로운 선행을 칭송하는 진천 현감의 파발이 산음 현감에게 전달되고, 산음 현감은 고을에 겹경사가 생겼다고 매우 기뻐한다. 그러자 그간의 정황이 자연스럽게 드러나게 된다. 허준이 마을 사람들을 보살폈던 그 진천 주막에 유의태의 아들인 유도지도 함께 있었지만 유도지는 과거 시험을 위해 그 자리를 서둘러 떠났다는 사실이 밝혀진 것이다. 이에 이야기의 극적 반전이 이루어진다. 이제까지 유도지의 의술을 입에 침이 마르게 칭송하던 마을 분위기가 한순간에 바뀐다. 이제 마을 사람들은 허준을 의인義人으로 칭송하고 유도지는 그렇고 그런 사람으로 비난까지 하게 된 것이다. 이 이야기는 작가의 상상력의 결과일 것이다. 하지만 실제로 많은 것이 부족하고 혼란스러운 시기였던 17세기 초 조선 사회에서 허준이 『동의보감』이라는 명저를 남길 수 있었던 것은 결코 우연한 결과가 아니었을 것이다. 명검이 탄생하기 위해서 반복적인 담금질이 필요하듯, 허준이 위대한 업적을 내기 위한 담금질의 과정은 어떤 형태로든 존재했을 것이다. 훌륭한 스승, 엄격한 자기 관리, 끊임없는 노력, 그리고 무엇보다도 인간에 대한 사랑이 그 위대한 여정에 바탕이 되었을 것임이 틀림없다. 특히 인간에 대한 사랑이 차마 뿌리치지 못하는 의로운 행동으로 귀결되었을 것이다.

한때 세계 제국이었던 영국이 자랑하는 탐험가들 중 로버트 스콧과 어니스트 섀클턴이 있다. 섀클턴은 1914년 인듀어런스호로 남극을 재탐사하던 중 웨들해에서 빙산에 부딪혀 난파하지만 적절한 판단과 용기로 선원을 모두 구하는 데 성공한다. 대부분의 선원들을 엘리펀트섬에 남겨 두고 선원 다섯 명과 함께 작은 보트로 매일 30km씩 노를 저어 약 40일 만에 1,280km 떨어진 사우스조지아섬으로 구조 요청을 가 남겨진 선원 모두를 구출해 낸다. 스콧은 세계 최초로 남극점을 탐사하기 위해서 로알 아문센과 경쟁하던 중에 최초 남극점 탐사라는 타이틀도 아문센에게 빼앗기고 혹한 속에서 남극점을 함께 밟았던 대원 네 명과 함께 모두 사망하게 된다. '세계 최악의 여로'를 밝히는 그의 탐사 일기(마지막 일자 1912년 3월 29일)로 인해 그들의 영웅적인 탐사 여정이 알려지게 되고 전 국민의 안타까움과 사랑을 받게 된다. 스콧이 최초의 남극점 탐사 여정에 실패한 원인으로 흔히 크게 세 가지가 언급되고 있다. 첫째, 그는 이동 수단으로 조랑말이나 동력 썰매 차를 주로 이용했는데, 남극과 같은 극단적인 지형에는 아문센이 이용한 북쪽 지방의 썰매 개가 더 유용했다. 스콧 역시 썰매 개를 데리고 갔지만 빙하에 직면하자 썰매 개가 유용하지 않다고 판단하고 모두 놓아줘 버렸다. 둘째, 방한복으로 그는 영국에서 만든 최고급 모식물을 착용했는데, 이누이트족의 털가죽 옷을 착용한 아문센의 선택이 혹한에 더 적절했다. 셋째, 베이스캠프 위치 선정도 아문센이 한 수 위였다. 스콧은 얼음 바다에 상대적으로 취약한 탐사선인 테라노바호로 인해 아문센보다 남극점에서 100km 떨어진 곳에 베이스캠프를 잡았다. 영하 40도에 이르는 혹한 날씨에 동력 썰매 차가 고장나고 조랑말이 얼어 죽자 모두 무용지물이 된다. 썰매 개는 북쪽의 혹한에 적응이 되어 있고 최악의 경우 한 마리 한 마리가 모두 귀중한 식량원이 될 수 있다. 아문센은 썰매 개 52마리가 12마리가 될 때까지 약해진 개들을 차례차례 식량원으로 이용했다. 최신식 모직물 역시 극단적인 혹한에는 한계를 보이게 되고 대원들 모두 동상에 취약하게 된다. 스콧의 대원들이 추위와 굶주림에 지쳐 모두 얼어 죽었을 때 베이스캠프와의 거리가 그렇게 멀리 떨어져 있었던 것이 아니었다. 따라서 애초에 베이스캠프를 남극점 가까이에 잡을 수 있었다면 대원 중 일부는 살아남았을 가능성이 있다.

노르웨이 아문센 팀과 영국 스콧 팀은 각각 1911년 10월 20일과 1911년 10월 24일에 기지를 출발해서 아문센은 1911년 12월 14일, 스콧은 1912년 1월 18일에 남극점에 도달하게 된다. 인간의 의지력과 정신력이 얼마나 강한지를 보여 주는 대장정이다. 우리 조선은 바로 전해인 1910년 한일 병합으로 국권을 상실하게 된다. 영국 해군 대령 출신인 로버트 스콧은 인류 최초로 남극을 탐사하기 위해 많은 준비를 했을 것이다. 재정적 후원자를 구하고 대원을 선발하며 최선의 여정을 짜기 위해 고심했을 것이다. 그런 가운데 원래 북극점 탐사를 계획했던 로알 아문센이 북극점 탐사를 포기하고 남극점 탐사를 계획하고 있다는 소식을 접한다. 아문센은 1909년 미국인 로버트 피어리가 먼저 북극점에 도달하자 목표를 남극점 탐사로 바꾼다. 스콧과 아문센은 인류 최초 남극점 탐사 기록을 쟁취하기 위해서 각자 최선을 다했을 것이다. 스콧은 이미 1901~1904

년에 디스커버리호로 남극 주변 탐험을 지휘한 경험이 있었으므로 남극점 탐사를 아문센보다 먼저 해낼 수 있다는 자신감을 갖고 있었을 것이다.

스콧의 남극점 탐험 실패의 사유로 지목되는 것들은 사후적인 것들이다. 탐험 당시에 스콧은 사실 잘 몰랐을 것이다. 남극의 기후 역시 변화가 많고 극단적으로 기온이 떨어지면 어떻게 될지, 중요 수송 수단인 동력 썰매 차와 조랑말이 극단적인 혹한에서 어떻게 될지 알기 어려웠을 것이다. 그의 탐사 일기에 따르면, 그는 몇 군데 음식과 연료를 두고 표시를 해 두었지만 귀로에서는 찾을 수가 없게 된다. 눈보라 속에서 자신들이 세워 놓은 것 같은 표식을 천신만고 끝에 찾아내지만 그것이 실제 그 표식이 아니라는 사실에 좌절한다.[9] 제대로 먹지 못하고 연료조차 구할 수 없게 되자 대원들 중 동상자가 발생한다. 동상에 걸린 발을 이끌고 가는 대원의 발걸음은 점점 더 무거워지게 되고 귀로 여정은 점점 더 길어지게 된다. 바로 그때 눈보라 치는 한밤중에 텐트 밖으로 나가서 돌아오지 않는 동료 이야기를 스콧은 기술하고 있다. 그 동료는 동상에 걸려 제대로 걷지 못하는 자신 때문에 동료들 모두가 죽을 수 있다고 생각해서 눈보라 속으로 사라져 버린 것이다. 그런데 살을 에는 추위와 눈보라 속에서 깜깜한 텐트 밖으로 걸어나가는 사람의 모습은 '신의 모습'에 가깝다. 머리로 이해하는 것과 실제로 행하는 것이 많이 다를 수 있는 게 인간의 모습인데 그것을 뛰어넘은 것이다. 차마 거절하지 못해 남을 돕는 모습과는 또 다른 차원의 숭고한 인간의 모습이다.

도움을 받을 만한 상황에 있어 도움을 주고받으며 도움을 받을 만한 상황이 아니어서 도움을 주고받지 못하는 경우가 있음을 우리는 안다. 도움을 주고받을 상황이 아닌데 차마 외면하거나 요청을 거절하지 못해 자신을 희생하며 도움을 베푸는 사람들이 있음 또한 우리는 알고 있다. 그런데 이런 상황과는 다른, 인간의 얼굴을 하고 있지만 악마의 심성으로 다른 사람들에게 지옥의 모습을 보여 주는 경우 역시 존재하고 있음을 우리는 알고 있다. 수백 수천만 명의 생명을 가스실에서 또는 굶겨서 죽인 독재자인 아돌프 히틀러나 이오시프 스탈린은 분명 이 범주에 속할 것이다. 영화나 드라마에서 볼 수 있는, 살인을 게임이나 오락같이 여기는 연쇄살인범 역시 이 범주에 들 것이다. 그런데 여기서는 사마천이 『사기 열전』에서 비열하고 교활한 독사형으로 묘사한 조고趙高의 이야기를 꺼내 들여다보고 싶다. 『사기 열전』의 한 장은 「이사 열전」이다. 이사李斯는 진시황이 중국 천하를 통일하고 새로운 제도를 정비하고 나라를 경영해 가는 데 결정적인 기여를 한 행정가형 인재다. 이사의

「간축객서諫逐客書」는 명문으로 유명하다. 진秦의 치수 사업 중 발생한 간첩 사건의 여파로 모든 외지인을 진으로부터 추방시키려는 축객령이 내려진다. 이에, 초楚나라 출신의 관리인 이사 역시 쫓겨날 운명에 처하는데, 이사는 축객령이 결국 진을 약화시킬 것이라며 축객령을 거두어 달라는 편지글을 황제에게 올리게 된다.

태산은 작은 흙덩이도 사양하지 않아	泰山不辭土壤
그 거대함을 이루게 되고	故能成其大
큰 강과 바다는 작은 물줄기도 가리지 않아	河海不擇細流
그처럼 깊어진 것입니다.	故能就其深

한편 진시황이 순행 중에 격무로 인한 과로와 질병 등으로 급사하자, 환관 조고가 역사의 전면에 등장한다. 조고는 절대자인 시황이 갑자기 서거하자 순간적인 기지로 승상 이사를 위협 및 회유하여 거짓 조서를 만들어, 전선에 출정 중이던 시황의 큰아들인 부소를 자결시킨다. 그리고 자신에게 우호적이고 어리석은, 시황의 다른 아들 호해를 새 황제로 옹립하여 조정을 마음대로 조종한다. 그런데 자신이 유능하고 지혜롭다고 생각한 승상 이사는 환관 조고를 만만하게 보았을 것이다. 하지만 권모술수와 교활함에서 이사는 조고의 상대가 되지 못했다.

조고는 방심하고 있는 이사를 역모죄로 모함하여 감옥에 가두고 혹독한 고문을 가해서 거짓 자백을 하도록 한다. 어리석은 황제 호해는 신하를 보내 감옥에 있는 이사에게 정말 역모를 꾸몄는지 물어본다. 황제의 사신이 직접 감옥에 가서 이사에게 역모 여부를 물어보니, 이사는 자신이 역모를 꾸몄다고 자백한다. 이에 이사와 가까웠던 조정 대신들과 장군들 그리고 이사의 가족들은 모두 역모죄로 참형된다. 특히 이사와 그의 아들은 대역죄로 허리가 잘리는 요참형에 처해진다. 사실 조고는 황제의 신하가 이사에게 역모죄의 가담 여부를 물으면 자신은 억울하게 갇혀 있다고 말할 것을 뻔히 알고 있었다. 그래서 조고는 사전에 몇 번이나 가짜 신하를 지하감옥에 투옥된 이사에게 보내 역모죄 가담 여부를 묻게 한다. 가짜 신하에게 억울한 누명이라고 고변하면 다음에는 더 혹독한 고문을 계속 가한 것이다. 혹독한 고문에 탈진한 이사는 사실 조고의 손바닥 위에서 완전히 옴짝달싹 못 하는 생쥐 꼴이 된 것이다. 승상인 이사까지 교활한 술수로 제거한 조고는 이후 소위 '지록위마指鹿爲馬'의 방식으로 황제를 유명무실하게 만들고 사실상 자신의 천하를 만드는 데 성공한다.[10] 스스로 천하의 인재라고 생각했던 이사는 상대의 감추어진 악마의 얼굴을 제대로 보지 못해 자신과 나라에 가장 처참한 결과를 초래하게 된 것이다.

인간의 모습에 대해 오래전부터 철학자들은 '신의 모습'과

'악마의 모습' 두 측면을 모두 생각했던 것 같다. 그 어떤 동물보다 '나 아닌 다른 존재'에 대한 배려심을 가진 존재가 인간이다. 또 다른 한편으로는 그 어떤 동물보다 더 잔인한 심성을 가지고 있는 존재가 또한 인간이다. 이 양극단 어딘가에 우리 보통 사람들의 마음과 행태가 자리 잡고 있는 것이다. 그렇게 하지 않아도 되는데 차마 거절하거나 외면하지 못해 타인을 돕는 사람이 많은 사회는 분명 좋은 사회다. 하지만 우리가 가난한 구두장이 세묜과 마트료나같이 자기 자신도 절박한데 타인에게 사랑을 베풀며 살 수 있을까? 우리가 현장이나 허준같이 큰 희생을 치르면서까지 도움이 필요한 절박한 병자들을 돌볼 수 있을까? 우리가 스콧의 동료처럼 동료의 생환을 위해 참을 수 없는 고통과 죽음 속으로 자신을 기꺼이 밀어넣을 수 있을까? 가능한 사람들도 물론 있겠지만 대개는 그렇지 못할 것이다. 현실에서 자신이 그렇게 하지 못할 것 같으니 그런 사람들을 칭송하고 존경하는 것이다. 그런데 우리가 쉽게 그런 숭고한 행동을 따라 할 수 없다고 해서 그런 행동이 별로 의미 없는 행동인 것은 아니다. 그런 훌륭한 사람들과 숭고한 행동들은 그 자체로 깜깜한 바다에서 스스로 빛을 내는 등대가 될 수 있다. 우리 각자가 모두 등대가 될 수는 없지만, 이 사회에 이런 등대가 존재하고 있기에 우리는 칠흑 같은 삶의 바다에서 그나마 크게 문제없이 자신의 길을 찾고 암초를 피해 갈 수 있는 것이다. 어쩌면 우리 각자가 악마 같은 존재로 떨어지는 것을 막아 주는 거울 같은 존재가 '차마 외면하지 못하는 훌륭한 사람들과 그 행동'일지 모른다.

이사가 훌륭한 행정가였음에는 틀림없다. 중국과 같은 거대한 나라를 효율적으로 통치할 수 있는 제도를 설계하는 데 탁월했기 때문이다. 그런데 진시황이 급사한 후 환관 조고의 꾐에 빠져 황제 조서의 위조에 가담하고 정변의 주역으로 나아간 것은 중대한 판단 착오로 보인다. 진시황의 죽음을 비밀에 부치고 장차 황제가 될 장자 부소를 자결시키는 거짓 조서를 만들고 만만한 호해를 황제로 옹립하자는 조고의 계획을 듣는 순간 어쩌면 이사는 죽을 수밖에 없는 운명에 처해진 것이다. 조고는 이 계획에 자신의 모든 것을 걸었을 것이다. 아마 환관 조고가 종이호랑이가 된 진시황의 시체 앞에서 승상 이사에게 일련의 천지개벽할 계획을 밝힐 때는 이사가 동조하지 않을 경우 어떤 형태로든 이사를 죽일 계획을 짜 두었을 것이다. 또는 평소에 권력 집착이 강한 이사의 속성을 조고는 그 누구보다 잘 알고 있었을 것이다. 그래서 급한 성격의 부소가 황제로 즉위할 경우 '신임하는 몽염을 중용하고 이사 당신은 앞으로 찬밥 신세가 될 것'이라는 미끼를 던졌을 때, 이사의 눈빛이 어떻게 바뀔지 미리 내다봤을 것이다. 결과적으로, 이사가 살고 진나라도 망하지 않기 위해서는 조고의 눈에 이사가 자신의 계획에 동조하지 않을 강직한 인품의 사람이었어야 하는 것이다. 애초에 승상 이사의 동조를 받기 어렵다고 판단했으면 교활한 조고는 그의 계획 자체를 실행하지도 않았을 것이고, 진나라가 진시황 사후에 그렇게 허망하게 단 몇 년 만에 망하지도 않았을 것이다. '악마의 발톱'을 비춰 주는 '거울'이 없어 모두가 망하는 길로 들어선 것이다.

인간의 마음은 타인의 선행으로 인해 쉽게 바뀌는 것은 아니라고 한다. 현대 뇌과학 연구 결과 역시 이런 사실을 뒷받침하고 있다. 뛰어난 사람들의 숭고한 행동을 보고 그것을 그대로 따라 하거나, 어느 정도라도 따라 하는 것이 아니라 대개 아예 따라 하지 않는다고 한다. 뇌의 어떤 스위치를 오프 상태로 전환시켜 버린다는 것이다.[11] 따라 하고자 하는 마음이 없는 것은 아니지만, 따라 하기에는 너무 힘이 들고, 그렇다고 해서 행동하지 않은 상태로 그 부담을 안고 가는 것은 더 힘이 들기 때문이다. 이런 반응 역시 긴 진화 과정 중에서 골치 아픈 문제를 떨쳐 버림으로써 생존 가능성을 더 높였기 때문에 나타났을 것이다. 그런데 봄비가 오면 예외 없이 어느 순간 새순이 대지를 덮는다. 이제까지 잠자고 있던 씨앗과 뿌리에 봄비의 단물이 적셔졌기 때문이다. 누구도 그 신호의 순간을 보지 못했지만, 봄비가 신호를 보내고 잠자던 씨앗과 뿌리가 그 신호를 잡은 것이다. '차마 외면하지 못하는' 아름다운 마음은 어두운 밤 등대의 불빛, 달빛, 또는 캄캄한 대지 속을 헤집고 다니는 봄비의 흔적과 같은 것이다. 다만 그것이 어느 곳에서 언제 어떤 모습으로 나타나는지 우리는 모르고 있을 뿐이다.

중세 페르시아의 위대한 시인이자 산문 작가인 사디 시라지의 시, 〈아담의 후예Bani Adam〉를 여기서 떠올려 보자.

> 모든 아담의 후예는 하나의 구성원으로 결속돼 있고
> 같은 뿌리에서 창조되었다.
> 시절과 상황이 그중 누군가를 아프게 하면
> 다른 모든 이들도 함께 고통을 겪게 될 뿐.
> 다른 이들의 곤경을 외면한다면
> 어찌 인간이라 불릴 수 있겠는가.

사디 시라지는 차마 외면하지 못하는 마음이 인간적 삶의 뿌리이자 방향임을 지적한다.

뺄셈
미학

삶은 우리가 무엇을 이루어 나가는 것도 중요하지만,
하지 않아야 하거나 할 수 없는 수 많은 것들을
우리 삶에서 과감하게 빼는 과정에서
'삶의 미학'의 꽃이 피는 것이다.

원감국사圓鑑國師 충지冲止는 고려 후기의 학승이다. 충지는 속명이 위원개魏元凱로, 고려 고종 13년(1226)에 태어난 13세기 인물이다. 일찍이 19세에 문과 장원 급제하여 한림학사와 추밀원부사를 역임했다. 29세에 출가하여 보조국사 지눌의 법통을 이은 선승으로 한평생 구도자의 길을 걸었다.[12] 그는 학승답게 서정성 있는 한시漢詩를 많이 남겼다. 세속적인 것들과의 인연과 절연 그리고 거리감을 질박한 시어로 표현해 일본의 선승들과 학인들에게 많은 사랑을 받았다. 여기서 그의 시 중 두 편만 골라 감상해 보자.

봄의 덧없음을 아쉬워하며[惜春吟]

너무 무정한 봄바람
나를 떠나며 돌아보지도 않네.
수양버들 나무들은 실이 있지만
가는 봄을 붙잡아 두지도 못하네.
……
사람이 우주 속에서 산다는 게
잠시 주막에 머무는 것과 무어 그리 다르랴.
이대로면 되지, 무어 슬퍼할 일이 있으리.
오고 가는 삶이 모두 운수소관인 것을.

이 조화에 따라 그냥 끝까지 가고
하늘에서 준 복대로 살면 되는 것을.

우연히 지은 시[偶書一絶]

뜨락에 내리는 비가 지니 쓸어낸 듯이 고요하고
창틀을 지나는 바람에 가을처럼 시원하네.
산빛과 계곡물 소리 솔바람 소리까지 있으니
어떤 세상일이 이 마음 깊은 곳에 이르랴.

현실 세계에서 미니멀리즘의 뺄셈형 삶을 온몸으로 실천하는 것은 아마 수행자의 모습일 것이다. 원감국사는 무정하게 지나가는 봄의 덧없음에 '구도의 길'에서 번민하는 자신의 모습을 중첩시킨다. 그는 진정한 깨달음을 통해 한시도 편할 날 없는 고려 백성들의 애환을 덜어 주고 싶었을 것이다. "하늘에서 준 복대로 살면 되는 것을"과 "산빛과 계곡물 소리 솔바람 소리까지 있으니 / 어떤 세상일이 이 마음 깊은 곳에 이르랴"라는 구절을 통해 우린 그의 의지와 번민을 수백 년의 시간을 관통하여 느낄 수 있다. 일본 교토시 우교구에 있는 료안지龍安寺는 15세기 중반 건립된 대표적인 선종 사찰이다. '오닌應仁의 난' 때 소실되었다가 15세기 후반에 재건되어 현재에 이르고 있다. 절의 방장 앞뜰에 가면 대략 가로 25미터, 세로 10미터의 작고 소박한 공원이 자리 잡고 있다. 실제의 바다와 섬을 추상화하여 표현한 형태로 가레산스이枯山水다.[13] 절의 이름과 같이 해룡이 편하게 쉬는 집과 같은 공간을 승려들의 처소 앞에 형상화한 것이다. 동시에 절제와 지족의 깨달음을 표현한 곳으로 유명하다. 교토를 찾는 관광객들이 즐겨 찾는 '명상의 장소'로 인기 방문지다. 료안지 다실 앞에는 다실에 들어가기 전 손을 씻고 들어갈 수 있도록 만들어진 돌 물받이가 있다. '입 구口' 자 형태의 물받이에는 선종 사찰답게 '오유지족吾唯知足' 글귀가 양각으로 뚜렷하게 새겨져 있다.[14] '나는 오로지 만족할 줄 안다'는 의미의 글귀로 탐욕과 집착을 경계한 것이다. 세속인이 빠지기 쉬운 덧셈형 삶의 지나침을 경계한 글귀다. 동시에 빼셈형 절제가 무엇을 안겨 줄 수 있는지를 손을 정갈하게 씻는 과정에서 깨닫게 하는 무언의 가르침이다.

21세기형 천재 아이콘 스티브 잡스는 젊은 시절 선종 불교에 심취했던 것으로 알려져 있다. 1955년생인 잡스는 1960년대 히피 문화와 선불교 열풍의 본산인 샌프란시스코에서 성장하게 된다. 잡스는 오리건주 리드대Reed College를 한 학기만 다니고 중퇴한다. 그는 리드대 중퇴 전에 이미 불교 관련 서적을 탐독하고 일찍부터 오리건주 사과 농장에 터를 잡은 '올인원

팜All in one farm'에 들어가 청년들의 수행 공동체 생활을 경험한 것으로 알려져 있다. 사과밭에서 오리엔탈식으로 앉은 자세로 다른 젊은이들과 선불교 수행을 하는 잡스의 사진이 유명하다. 아마 그 인연으로 그의 회사명이 '애플(사과)'이 되었을 것이다. 1984년 애플사에서 출시한 멕Mac 시리즈의 첫 번째 모델인 '매킨토시Macintosh' 역시 북미 지역에서 많은 사람들의 사랑을 받는 사과 품종의 이름을 딴 것이다. 매킨토시 사과처럼 매킨토시 퍼스널 컴퓨터가 일반 사람들에게 널리 선택되길 바랐을 것이다. 잡스는 지적 호기심으로 인해 대학 중퇴 후에도 1년 반가량 청강생으로 리드대에 머문다. 그런데 듣고 싶은 강의는 교수의 허락을 얻어 청강하면 되었지만 정규 학생이 아니므로 기숙사에 들 수가 없었다. 당연히 그는 친구의 기숙사 방에 얹혀살 수밖에 없었다. 잡스가 나중에 밝혔듯이 그는 근로자 계층인 양부모가 평생 모은 노후 자금이 별로 의미도 없는 것 같은 대학 학비로 소진되는 것을 참을 수 없어 한 학기 만에 대학 중퇴를 결정하였다. 그런데 대학 문턱에도 가 본 적 없는 중졸과 고졸인, 잡스의 양부모들은 잡스의 행동을 이해하기 어려웠을 것이고, 잡스는 그들과 적지 않은 갈등을 겪게 된다.[15] 양부모의 뜻과 달리 대학을 중퇴한 잡스는 재정적 지원을 받을 수 없게 되고 상당한 경제적 어려움에 처했음을 후에 실토한 적이 있다. 교내 쓰레기통에 아무렇게나 버려져 있는 콜라 캔을 모아 하나에 5센트씩 팔아 빵을 사 먹었고, 주말에는 수 킬로미터를 걸어가서 사원에서 제공하는 무료 식사를 영양식으로 해결했음을 잡스가 후에 성공담으로 언급한 적이 있다. 강한 성취동기를 가지고 있었던 잡스가 본능과 욕망의 제어를 강조하는 불교 교리 자체에 얼마나 심취했는지는 분명치 않다. 하지만 잡스는 선종 불교에서 강조하는 '절제의 미'의 장점을 분명 포착했던 것으로 보인다. 그는 소위 젠zen 스타일의 장점 중 미니멀리즘의 장점을 꿰뚫어 보고 실천했다.

잡스는 자신의 결혼식 주례를 평생의 은사이자 멘토인 선승 오토가와 고분치노乙川弘文에게 의뢰하게 된다. 오토가와 고분치노는 일본의 대표적 불교 종단인 조동종曹洞宗 소속으로, 일본에서 미국으로 건너간 선승이다. 21세 때 애플사를 창업한 잡스는 그 이태 전 7개월가량 인도 북부로 건너가 선불교의 본토를 직접 체험하기도 한다. 선불교 수행을 통해 키워진 직관과 예지력이 잡스의 인생 행로에 분명 영향을 미쳤을 것이다. 일반 대졸자들이 사회생활을 시작할 무렵인 25살에 이미 거부가 된 잡스는 거의 아무것도 없는 방에서 생활하는 것을 즐겼다. 1982년 『타임』지의 사진작가 다이애나 워커가 캘리포니아 우드사이드에 소재한 잡스의 저택에서 잡스를 촬영한 사진을 보면 당시 그가 무엇을 추구하고 있었는지를 쉽게 짐작할 수 있다. 40여 년 전 사진 속의 잡스는 현재 한국인의 거실에서 흔히 볼 수 있는 원목 바닥재 형태의 방에서 큰 방석을 하나 깔고 그 위에 반가부좌 형태로 앉아 찻잔 하나를 들고 있다. 그 방에는 큰 전기스탠드 하나와 작은 오디오와 레코드판뿐이다. 의자와 테이블 그리고 어떤 장식장도 보이지 않는다. 사실상 텅 비어 있는 방에서 선불교 수행자같이 홀로 앉아 있는 잡스의 모습이 바로 젠 스타일의 전형이다. 선불교 수행자들이 강조하는 '깨달음을 얻기 위해서는 공간과 마음을 비워야 한다'는 것을 잡스는 일상에서 실천하고 있었던 것이다.

젠 스타일은 여러 가지 특징을 포괄적으로 함축하고 있는 말이다. 하지만 무엇보다도 여백과 침묵, 담백과 조화, 그리고 자연스러움 속에 함축된 에너지를 강조하는 것은 분명하다. 배터리도 교체할 수 없는 일체형 디자인의 아이폰을 떠올리면 잡스가 미니멀리즘 형태의 젠 스타일에 얼마나 심취했는지를 짐작할 수 있다. 일체의 번거로움과 일체의 복잡성이 모두 핵심을 비껴가게 하는 집착의 형태임을 인식하고 있었던 것이다. 잡스는 일상 삶속에서의 뺄셈의 대가였음이 분명하다. 그는 곁가지를 없앤 단순성으로 본질에 바로 다가가고자 했다. 그는 무성한 잎과 곁가지 대신 줄기 위주로 그림을 그려 제시하는 능력이 특출했다. 그 과정을 통해 자신과 그의 팀이 현재 무엇을 고민해야 하는지를 바로 지각할 수 있도록 했다. 겨울철 모든 잎이 떨어진 나무의 줄기와 큰 가지를 통해 그 나무의 길과 상태를 미리 그려 보는 경영인이 잡스였다. 그는 조직이든 제품이든 소통이든 불명확한 것을 극도로 기피했다. 그는 극도의 단순화가 핵심으로 바로 다가가는 지름길이며 조직 차원의 복잡성은 자발적인 동기 부여를 갉아먹는 흰개미와 다름없다고 인식했다. 복잡성을 통해서는 감동을 불러일으키기 어렵고 차별화를 통한 성공과도 거리가 있으며 구성원들의 자발적인 참여에도 방해가 될 뿐이라는 것을 인식하고 있었던 것이다.

여기서 우리 보통 사람들이 선승과 같은 '절제의 삶'을 살아야 한다거나 그것이 삶의 지향점이 되어야 한다고 이야기하는 것은 아니다. 큰 틀에서 '절제의 미'가 중요하고 우리 삶을 돌아보는 데 그 '절제의 미'가 여름 원두막의 네 기둥 같은 역할을 하는 것이 아닐까 생각할 뿐이다. 보통 사람들이 일상에서 선승과 같은 삶을 영위하기는 어렵다. 그것은 옳고 그르고의 문제가 아니라, 세상 속의 존재로서 우리가 선승과 같은 세속 초월의 길을 걸어가는 것 자체가 어렵고 힘들기 때문이다. 실제 세속 초월의 절제의 길이 모두에게 정답인지도 알 수 없다. 최근 연구 결과에 의하면, 보통 인간은 그것이 아무리 옳은 일이라도 자신이 따라 하기가 매우 힘든 일이면 그것을 부분적으로 따라 하는 것이 아니라 포기하거나 외면해 버린다고 한다. 그렇다면, 우린 뺄셈형 삶의 지혜를 선승과 같은 절제적 삶을 사는 사람에게서 찾을 것이 아니라, 잡스 같은 '중간인의 영역'에서 찾아보는 것이 더 나을 수 있다. 본질에 깊이 천착하는 선불교의 가르침을 선승에서가 아니라 현실 속의 경영인 잡스에게서 찾고 응용할 수 있는 것이다. 다만 그렇다고 해서 우리 모두가 일상에서 잡스같이 본질에 깊이 천착하는 미니멀리즘을 100% 가까이 구현할 수 있다는 뜻은 아니다. 삶의 단순성의 장점을 모르지 않지만 보통 사람들이 현실에서 그런 라이프 스타일을 온전히 실천하기는 쉽지 않다. 잡스는 단순성을 통해서 자신을 채찍질해 갔지만, 우린 흔히 방패와 갑옷을 이것저것 마련함으로써 자신을 보호받고 싶어 한다. 사실 우리 대부분은 어디로 가야 하고 무엇을 해야 하며 누구와 함께해야 하는지도 잘 모르는 경우가 많다. 어떻게 보면 우리 모두는 머리가 어느 정도 커진 후엔 무엇이 답인지 잘 몰라 헤매는 방황의 연속선 위에 계속 서 있는지도 모른다. 현실에서 누구에게 뭘 물어보기도 어렵다. 사실상 터널 속에 갇혀 있는 것 같은데 어느 쪽도 빛이 보이지 않는 경우가 적지 않다. 돌아가야 할지 앞으로 더 나아가야 할지 알 수가 없다. 이런 불명료하고 답답한 상황 속에서 우린 어쩌면 덧셈 위주의 셈법만 본능적으로 키워 왔는지 모른다. 셈법에는 덧셈뿐만 아니라 분명 뺄셈도 있는데, 뺄셈형 삶을 생각하고 키워 갈 여유가 없다. 목적지를 특정할 수도 없고 다른 누구도 우리 자신의 목적지를 정해 주지 않는다.

비틀스The Beatles가 해산한 뒤 서른한 살의 존 레넌이 직접 작사, 작곡해서 1971년 솔로로 발표한 발라드 곡 〈이매진〉은 철학적 향기를 담고 있다.

이매진Imagine(상상해 보세요)

상상해 보세요, 천국이 없다고
뭐 그렇게 어렵지 않아요
우리 밑에 지옥은 없고, 우리 위엔 오직 하늘뿐이죠
상상해 보세요, 모든 사람들이
오늘을 위해 살아가는 모습을
상상해 보세요, 나라가 없다는 것을
그렇게 힘든 일도 아니죠
학살도 없고 희생도 없고 종교도 없는 곳을
상상해 보세요, 세상 모든 사람들이
평화롭게 살아가는 모습을, 당신
당신은 이런 나를 아마 몽상가라 부르겠죠
하지만 이런 나는 혼자가 아니죠

언젠가 당신이 우리와 함께할 것임을 나는 믿어요
그러면 세상은 하나가 되는 거예요
상상해 보세요, 우리가 소유하는 것이 아무것도 없다는 것을
나는 당신이 그렇게 할 수 있을지 궁금해요
그곳은 욕심을 부리거나 굶주릴 필요가 없죠
오직 형제애뿐이죠
……

천국과 지옥은 몰라도, 국가나 종교 그리고 소유가 없는 삶은 현실에서 가능하지도 않고 제대로 기능하지도 않는다는 것을 우린 역사적 경험을 통해 잘 안다. 예술의 세계는 현실에 얽매여서는 안 되고 그래서 예술인 것이다. 국가가 개인의 자유를 억압하는 폭력적 실체가 되어서는 안 된다는 것, 종교가 맹목적인 믿음 형태로 나아가게 되면 고장 난 나침반과 같이 없는 것보다 못할 수 있다는 것, 사적 소유권이 절대적 가치로 부각될 때 궁극적으로 모두의 삶의 질을 떨어뜨릴 뿐이라는 것을 함축하고 있는 곡의 내용들은 우리의 마음속에 큰 울림을 안겨준다. 30대 초반에 이미 엄청난 부자였던 젊은이의 직관이라고 보기 어려운, 절제를 강조하는 뺄셈형 사고의 통찰이다. 석연치 않은 판정으로 2014년 러시아 소치 동계올림픽에서 은메달에 그쳤던 김연아의 갈라 쇼의 배경 음악이 〈이매진〉이었다.

그녀는 제주의 은빛 모래와 옥색 바다를 연상시키는 단아한 드레스를 입고 감미로운 〈이매진〉 곡에 맞춰 환상적인 연기를 보여 주었다. 그런데 그녀가 의도했든 아니든 평화를 강조하는 곡의 내용은 우크라이나 크림반도에 대한 침략 의도를 드러내고 있던 러시아를 비판하는 셈이 됐다. 여하튼 그녀의 〈이매진〉 선곡은 시의적절한 선택이었다.

원감국사 충지, 스티브 잡스, 존 레넌 등은 료안지 다실 앞에 자리 잡고 있는 돌 물받이의 새김 글, '오유지족'의 함축적 의미를 나름 실천하고, 응용하며, 지향했던 것으로 보인다. 그런데 절제와 담백의 뺄셈형 삶에서 우리 일반 사람들이 쉽게 기대할 수 있는 것들은 어떤 것들이 있을까? 우선 빼야만 여백을 만들어 낼 수 있다. 노자는 기존의 지식이 채움을 강조함으로써 비움을 간과해 왔음을 지적했다. 그릇은 그 빈 공간으로 인해 그릇으로서의 유용성이 있는 것이다. 사람이 매사 여유가 없으면 자신은 물론이고 상대편을 진정으로 이해하기 어렵다. 우린 상대편의 실수를 연민으로 바라볼 수 있을 때 비로소 서로 진정한 친구가 될 수 있다. 100원도 손해 보지 않으려고 다투는 경우의 결과를 상상해 보라. 현대적 삶은 특히 소비 방식에서, 감당하기 힘들 정도의 다양한 유혹을 우리 앞에 제시하고 있다. 셀 수 없이 다양한 유혹이 우리를 일상에서 이끌어 가는 순간, 우리는 매 순간 무엇이 중요한지 무엇을 버려야 하는지 구분하는 것조차 쉽지 않다. 삶의 여백이 있을 때 우리는 이런 다양한 유혹에 저항할 수 있다.

우리의 의식 체계는 즉흥적 사고 체계와 의도적 사고 체계로 나누어져 있으며, 의도적 사고 체계가 바쁘고 피곤하면 자기 통제력이 급격하게 떨어질 수 있다.[16] 사실 우리의 의식 체계는 뜨거운 상태와 차가운 상태로 아주 철저하게 분리되어 있어, 한쪽 상태에서는 다른 쪽 상태를 완전히 낯선 사람처럼 느낄 수 있다. 예컨대 성적性的으로 흥분한 상태에서는 평소에는 싫어할 사람과의 성관계에도 동의할 확률이 훨씬 높게 나타난다는 연구 결과가 있다.[17] 우리 각자는 단일 실체가 아닌 것이다. 마약이나 위험한 성관계, 사교邪敎의 유혹, 부패 행위, 약한 아이를 괴롭히는 일탈 행위 등 어떤 바람직하지 않은 일에 대해서 우린 분명히 "노No!"라고 말할 수 있어야 한다. 그러기 위해서는 우리 삶에 여백이 필요하다. 심리학자 마크 리어리에 따르면, "인간은 오늘날 현대 생활에서 요구되는 수준의 자제력을 발휘하도록 진화하지 않았다. 사실 우리의 삶은 인류가 처음 등장했을 때보다 훨씬 많은 선택과 결정으로 가득 차 있다. 같은 무리에서 평생을 보내고, 같은 영역을 배회하며, 고작해야 하루 이틀 후의 계획을 세우며 동일한 문화적 전통을 지키던 선사 시대의 조상들은 현대인들이 매일 결정해야 하는 수많은 선택에 직면하지 않았을 것"이다.[18] 현대인들의 삶은 불가피하게 자신의 삶에 대한 자제력의 잔고가 만성적으로 부족할 수밖에 없는 구조 속에 있다. 평소에 자제력 근육을 키워 나가고 레드 라이트 상황에서 자제력을 잘 발휘할 수 있는 상태를 유지할 필요가 있다. 물론 현대적 삶이 과거의 삶에 비해 더 나빠졌다는 것은 아니다. 현대적 삶의 구조가 높은 수준의 자제력 발휘를 일상적으로 요구하고 있으므로 미리 대비하는 차원에서 여백을 만들어 두자는 것이다.

빼야만 자신의 잠재력을 진정으로 알 수 있다. 자신이 가지고 있는 잠재력을 드러내 보지도 못하고 세월만 보낼 수는 없지 않은가? 옷 정리를 생각해 보면 답은 자명하다. 무엇이 있는지도 모르고 계속 사기만 하면 그 결과가 어떻게 될 것인가? 생텍쥐페리의 『어린 왕자』에는 '아주 새빨간 얼굴을 한 남자'가 등장한다. 단 한 번도 꽃향기를 맡아 보거나, 별을 바라보거나, 누구도 사랑해 본 적이 없는 그런 남자다. 사실, 그는 덧셈만 알고 빼셈을 모르는 남자로, 닮고 싶지 않은 남자의 전형이다. 그런데 우리 각자는 일상에서 또 다른 새빨간 얼굴의 남자의 행동을 하고 있는 것은 아닌지 되돌아볼 필요가 있다. 우린 일상에서 거의 무의식적으로 스마트폰 화면을 계속 클릭한다.

지하철 안, 식당, 카페 등에서 기회만 있으면 소셜미디어의 게시물을 확인하고, 맛집이든 특가 상품이든 한정판이든 어쩌다 눈길을 사로잡는 것이 있으면 그것이 무엇이든 혹시라도 놓칠까 봐 마음을 졸인다. 자신이 소외될까, 혹 절호의 기회가 자신을 비껴가는 것은 아닐까, 새로운 유행 흐름에 뒤처지고 있는 것은 아닐까 전전긍긍하며 스마트폰을 계속 들여다본다. 그런데 세상의 모든 일들을 다 포착하고 뒤처지지 않기 위해 애쓰는 삶이 여유가 있을 리 없다. 그리고 그런 삶이 안정적이고 행복할 수는 없다. 그 누구도 이 세상의 모든 행운을 한 손에 거머쥘 수는 없다. 사실 지나치게 다양한 선택지와 유혹은 그 속에서 일상을 영위하는 개인을 쉽게 고립시키고 그 삶을 파편화시킨다. 우리가 살아가면서 맺게 되는 관계, 하고 있는 일, 취미나 기호 등을 다양하고 능률적으로 영위한다고 해서 그 삶이 안정적이고 행복한 삶이라고 볼 수는 없다.[19]

영장류의 음성 구조를 연구하는 인지생물학자들에 의하면, 인간은 유인원 시절에 성막이란 후두 속의 기관을 퇴화시킴으로써 복잡한 의사소통에 필수적인 명료한 소리를 낼 수 있게 되었다고 한다. 소리의 다양성과 높은 소리 생성 기능을 포기함으로써 소리의 명료성과 안정성을 얻은 것이다. 진화 과정에서 어떤 특성을 상실함으로써 또 다른 적응의 문을 열어 간 것이다. 도시 새와 시골 새를 비교해 보면 도시 새는 도시 소음에 적응하기 위해 짧고 높은 소리로 운다고 한다. 생존과 번식에 필수적인 의사소통 과정에서 진화적 적응 메커니즘을 발동시킨 것이다. 진화 과정 같은 거대 주제가 아니라도, 일상에서 어떤 사람을 제대로 알고자 한다면 그 사람이 위기에 빠져 있을 때 그 사람이 어떻게 행동하는지를 보면 된다는 이야기가 있다. 위기를 통해서 사람은 더 현명해지고 더 강해진다고들 하지만, 사람은 대개 위기에 봉착하면 그 사람이 가장 중요시하는 것이 무엇인지와 자기 자신을 객관적 기준에 따라 바라볼 수 있는 역량을 갖추고 있는지 여부를 드러내게 된다. 역경 등으로 자신이 가지고 있는 '내 것'이 상실되었을 때 또는 상실되었다고 진지하게 인지할 때 비로소 자신의 진짜 얼굴이 드러나는 것이다. 자신에게 '날개'가 실제로 존재하지 않는데도, 날개가 있는 줄 착각하고 허공 속으로 달려가면 끔찍한 결과를 자초하게 된다. 더 나아가서, 빨셈은 잠재력 포착과 함께 적어도 무분별한 덧셈을 통한 최악의 상황은 피해 갈 수 있다. 한 디자이너가 '미지근한 커피'라는 재미난 일화를 소개한 적이 있다. 어느 커피 전문점에서 손님들이 뜨거운 커피를 많이 찾는다는 시장 조사 결과와 아이스 커피를 많이 찾는다는 시장 조사 결과에 봉착했을 때, 그 둘의 조사 결과를 어느 것도 무시할 수 없어 덧셈을 하고 반으로 나누었더니 그 가게 손님은 미지근한 커피를 많이 찾는다는 결론에 도달했다는 것이다. 결국, 그 누구도 찾지 않는 커피 전문점으로 나아가 망하게 되었다는 우스개 이야기다. 이는 둘 중 하나를 전문화한 것보다 훨씬 나쁜 결과다. 잘못 더하면 망한다!

빼야만 자신의 내면 깊숙한 곳에서 울려 나오는 소리를 들을 수 있다. 귀를 기울여 봐야 들을 수 있다. 레프 톨스토이의 『이반 일리치의 죽음』, 찰스 디킨스의 『올리버 트위스트』 같은 고전들은 공통적으로 인간의 내면의 가치에 주목하고 있다. 산업화된 사회에서의 성공과 실패, 빈곤과 범죄 문제 등을 통해 인간이 얼마나 덧셈과 곱셈 위주의 사회 풍토에 빠져 있는지, 그런 상황에서도 정직과 신뢰 그리고 공감의 가치가 무엇인지를 두 작가는 각각 이반 일리치의 가정과 올리버의 성장 과정을 통해 한편으로는 흥미롭게 또 다른 한편으로는 담담하게 그리고 있다. 서로에 대한 공감이 없는 가정, 남이 자신을 어떻게 생각하는지에 지나친 관심과 집착이 얼마나 우리 삶을 모래성 위에 세우는 것인지를 톨스토이는 이반 일리치를 통해 여실히 보여 준다. 19세기 영국의 산업 사회가 안고 있던 문제점인 산업 노동자와 빈곤 문제, 범죄 문제 등을 디킨스는 올리버의 기구한 삶을 통해 투영하고, 인간에게 신뢰와 정직의 가치가 무엇인지를 극적으로 보여 준다. 그리스의 현인 소크라테스는 자기 내면에서 들리는 비판적인 양심의 소리, 즉 다이몬daemon 덕분에 자신이 좁고 올바른 길을 걸어갈 수 있었다고 했다.[20] 절망적인 죽음의 신호와 자신의 아픔에 공감하지 못하는 가족을 앞에 두고 비로소 이반 일리치는 "어쩌면 내가 살아온 방법이 틀린 건 아니었을까?"라고 자문한다. 그는 산을 오르고 있다고 생각하며 살아왔는데 사실은 산을 내려가고 있었음을 깨닫는다. 그는 마지막 순간에 자신의 삶을 바로잡을 수 있을지 모른다는 생각을 한다. 그는 죽음 앞에서 해답을 알 수 없는 질문을 하고 침묵을 지키며 홀로 귀를 기울이게 된다.[21] 나이가 들어보면 우리는 비움의 과정 없이 제대로 된 선택을 하기 어렵다는 것을 삶의 경험으로 안다. 비움으로써 우린 그것이 무엇이든 한정된 중요 자원을 제대로 활용할 수 있는 기회를 포착할 수 있기 때문이다. 우리가 삶에서 무엇이 중요한지에 대한 제대로 된 선택을 하지 못하면, 다른 이들이 우리 삶에서의 우선순위와 방향을 결정하게 된다. 『논어』「팔일八佾」 편의 '회사후소繪事後素'는 바탕[素]이 있는 뒤에 그림을 그릴 수 있다는 뜻이다. 바탕, 즉 본질을 제대로 직시하지 않으면 아무것도 제대로 할 수 없다. 자신이 진정으로 나아가고자 하는 길, 즉 진정으로 그리고 싶은 그림은, 아무것도 칠해지지 않은 순수한 흰 바탕이 있음으로써 가능한 것이다. 불을 꺼야 불이 보인다!

빨셈 사고가 삶의 기본인 시대로 이행하고 있다. 고등 유기체로서의 인간의 삶이 현대 기술 문명 속에서 새로운 불확실성에 시달리고 있다. 인간은 기계가 아니며 생존을 위해 외부 에너지가 끊임없이 유입되어야 한다. 그런데 정작 기술 발전의 속도가 인간이 감당하기 힘들 정도로 급격하게 이루어져 보통 인간이 생산과 소비 과정에서 소외되고 부담스러운 존재로 취급될 수 있다. 잉여 인간의 개념이나 현실이 확산되면 인간은 '일'의 과정에서 배제될 수 있고 심리적 안정감과 행복감까지 상실할 수 있다. 절제와 담백 그리고 소박한 아름다움에 대한 지향이 선택이 아닌 필수가 되고 있는 것이다. 그 과정에서 비로소 우린 다른 이들에 대한 진정한 배려와 불확실성하의 위기 대처 능력을 최대치로 끌어올릴 수 있다. 4차 산업혁명 시대가 왔다는 주장이 널리 인지된 지는 그리 오래되지 않았다. 하지만 이미 우리 사회는 물론이고 선진 산업 사회의 경우 5차 산업혁명 시대에 접어들었다고 생각한다. 4차 산업혁명은 전통적 생산 기술 영역과 인공지능AI, 사물인터넷IoT, 빅 데이터Big Data 등이 결합 내지 융합되어 고부가 가치를 창출하는 생산 방식을 지칭한다. 그런데 이미 사회는 AI가 산업 생산 방식뿐만 아니라 상품과 정보의 관리 및 유통 방식 그리고 인간 일상생활의 희로애락 영역까지 큰 영향을 미치고 때로는 주도하는 완전히 새로운 초산업 생산 방식, 5차 산업혁명으로 이행하고 있기 때문이다. 지금이 4차 산업혁명 시대이건 또는 5차 산업혁명 시대로 접어들었건, 인간은 기계가 아니며 일상을 영위해 가야 한다. 기술이 아무리 발달해도 인간은 음식을 먹고 소화하고 배설하는 생명체의 기본 대사 활동에서 하루도 벗어날 수 없다. 그리고 우리 모두가 인정하듯이 인간은 단순한 존재가 아니다. 외부로부터 유입되는 에너지가 있어야 생존할 수 있지만, 에너지의 유입만으로 건강한 삶을 영위할 수는 없다. 똑똑하고 힘센 로봇이 대부분의 일을 인간보다 더 잘 처리하면서도 인간보다 훨씬 더 적은 에너지를 소요하는 시대로 우리 사회가 급격하게 이행하고 있다. 인간이 덧셈과 곱셈의 사고와 생활 방식에 치중하는 한 결코 인간이 기계를 따라잡을 수 없는 시대로 이행하고 있는 것이다. 쟁점은 절제형의 '뺄셈 사고와 삶'의 방식을 우리가 채택할 수 있는 의지와 역량이 있는가이다. 뺄셈보다 덧셈에만 치중함으로써 빚어진 비뚤어진 가치관에 대해 아서 밀러의 『세일즈맨의 죽음』보다 더 적나라하게 표현한 것이 있을까? 생각하기에 따라서는 극의 주인공 윌리 로만의 삶은 그렇게 나쁜 삶이 아니다. 육체적인 건강에 문제없이 멀쩡한 다 자란 아들 둘이 있고, 아들들과 남편과 함께 어떻게든 한 가정을 평화롭게 꾸려 가고자 하는 가정적인 아내가 있다. 직장 생활은 지금은 뭐 별로지만 왕년에는 분명 잘나갔던 적이 있었고, 한 인간이 한 직장에서 34년 동안 버텼으니 할 만큼 했다. 근로자 세 명 중 한 명이 실직하게 되는 1929년의 대공황의 여파로 그것도 은퇴 무렵에 직장에서 해고된 것이니 사실 잘렸다고 할 수도 없다. 윌리가 자존감에 상처를 입을 상황이 전혀 아닌 것이다. 그런데 그는 자신이 평생을 바친 직장에서 내쳐졌다는 생각에 분노하고, 두 아들 비프와 해피가 무엇을 원하고 잘하는지 그리고 무엇에 취약한지에 대해서는 깊이 생각해 본 적도 없고 생각해 보려고도 하지 않는다. 현실을 냉철하게 내다볼 생각은 없이 그저 경제적 성공만이 답이라고 외며 자신이 가족을 위해 해 줄 수 있는 것이라고는 사망 보험금이라는 생각에만 매달린다. 그는 가족의 불행이 자신에게서 비롯되고 있음을 깨닫지 못하는 어리석음을 온몸으로 보여 준다.

인간이 외부로부터 에너지를 유입하기 위해서 우리는 오랜 세월 동안 '일'을 해 왔다. 18세기 말에 시작된 산업혁명 이후에도 대략 100년간은 단순히 먹고살기 위해서 거의 대부분의 가족이 모두 일주일에 7일, 일 년에 365일 힘든 일을 해 왔다. 그러다 피터 드러커가 지적하는 것처럼, 19세기 동안에 몇 차례의 핵심적인 기술 혁신과 생산성 향상 덕분에 일이 단순한 생존 수단에서 신의 뜻을 받드는 신성한 가치를 가지는 무엇으로 광범위하게 변화하게 되고 또 받아들여지게 된다. 현재까지도 일이 자기실현의 수단이 되었다고 말하기는 어렵지만,

일의 가치가 시대와 상황에 따라 바뀌어 온 것은 분명하다. 특히 4차 산업혁명이든 5차 산업혁명이든 기술 혁신과 새로운 생산 방식의 급속한 확장은 일과 인간의 관계를 새롭게 규정하고 있다. 일을 하고 싶어도 로봇 대비 생산성이 낮아서 일에서 배제되는 사람들의 비율이 점점 더 증가하고 있다. 일로부터 타율적으로 배제된 인간 집단이 광범위하게 존재할 경우 우리에게 어떤 일이 발생할지 무엇을 해야 할지 개별적 인간의 생존과 행복 차원뿐만 아니라 국가 정책적 차원에서 모색하고 대비해야 할 시점이다.

빼는 것이 더하는 것보다 훨씬 더 어렵다. 이미 언급되었듯이 빼셈형 삶의 장점이 분명하지만, 현실에서 사람들이 빼셈 사고를 하기는 매우 어렵다. 왜 그럴까? 왜 우린 거의 대부분 덧셈 위주로 사고를 하고 덧셈형 삶에 집착할까? 삶에는 분명 덧셈 사고와 빼셈 사고가 함께 필요할 것 같은데, 우린 일상에서 빼셈 사고 형태의 삶의 방식을 극도로 기피하고 덧셈 사고 형태의 삶의 방식에 지나치게 집착하는 걸까? 사람은 통상 하루에 1만 개가 넘는 선택 내지 결정을 하는 것으로 알려져 있다. 물론 그중에는 비즈니스든 인간관계든 또는 생활 습관 문제든 상당히 중요한 것들도 있고 그렇지 않은 경우도 있을 것이다. 그런데 그 모든 선택 내지 결정 과정에서 사람은 더하는 것보다 빼는 선택 내지 결정을 하는 데 힘들어하는 것으로 알려져 있다. 그래서 빼는 선택 내지 결정을 미루거나, 아예 하지 않고 내버려 두거나, 또는 관련 뇌의 스위치를 꺼 버리는 경향이 있다. 결과적으로 관련 능력 자체가 점점 더 취약해지는 문제를 안게 된다. 경영 이론에는 '현상 유지의 함정'이란 게 있다. 변화의 필요성을 인정하면서도 막상 실행에 옮기기는 어렵다는 것이다. 예컨대, 기업이 성공 증후군의 함정에 빠져, 성공 분야 위주로 그 기업의 역량을 맞추어 가고 단기적 불확실성과 손실을 감수하면서 새로운 분야를 과감하게 개척해 가지는 못하는 한계를 꼬집은 것이다. 변화를 거부하고 기존 비즈니스와 운영 방식에 집착하는 관성을 드러내는 문제점을 지적한 논의다. 디지털카메라 흐름에 둔감해 몰락한 필름 회사나 스마트폰 흐름에 둔감해 몰락한 디지털카메라 회사들의 경우가 현상 유지의 함정에 빠진 전형적인 예다. 그리고 최근 인지심리학자들과 행동경제학자들은 공통적으로 인간의 손실 회피loss aversion 성향을 강조한다. 2002년 노벨 경제학상을 수상한 대니얼 카너먼의 전망 이론Prospect theory의 핵심은 '준거점의 존재'와 '손실 회피 성향'이다. '손실 회피율'을 추정한 실험이 여럿인데, 사람은 대개 손실을 1.5배에서 2.5배 정도로 인식하는 것으로 알려져 있다. 판돈이 커질수록 손실 회피 계수가 극적으로는 아니어도 점점 더 커진다. 결국 사람에게 손실은 그에 상응하는 이익보다 더 커 보인다. 인간의 뇌는 진화 과정 중에 나쁜 소식에 우선순위를 두도록 설계되어, 위협을 기회보다 특별히 취급한다는 것이다.[22] 그렇다면, 현대 사회 속의 우리는 노력해서 빼셈 사고를 적극적으로 실천하지 않으면 삶에서 제대로 된 균형감을 상실할 수밖에 없는 불완전한 존재다.

불확실성 시대에 우리가 항상 정답을 찾아낼 수 있는 것은 아니다. 중요한 것은 적어도 확실한 오답은 피하고 오답을 선택할 가능성을 최대한 줄여 가는 것이다. 우리 인간의 뇌는 생각보다 게을러서 대부분 남들과 비슷한 방식으로 생각하는 데서 멈춘다고 한다. 따라서 스티브 잡스처럼 본질적인 소수에 집중하는 역량을 키워 가는 것이 소위 근육 지능muscle intelligence을 키우는 방식이 될 수 있다. 삶의 행로에서 직면하는 수많은 선택 과정에서 고만고만한 생각 백 가지를 퇴짜 놓고 중요한 몇 가지에 에너지를 쏟아붓는 집중력은 결코 하늘에서 뚝 떨어지는 그런 것이 아니다. 삶은 우리가 무엇을 이루어 나가는 것도 중요하지만, 하지 않아야 하거나 할 수 없는 수많은 것들을 우리 삶에서 과감하게 빼는 과정에서 '삶의 미학'의 꽃이 피는 것이다.

좌표
착각

우리는 흔들림이 심한 시대의 한가운데에 서 있게 된 것 같다.
누구도 이런 상황이나 결과를 원하지 않았을 수 있지만, 현실은 현실이다.
삶의 분명한 좌표를 설정하는 것도 힘들고,
자신이 포착한 좌표가 정확한지도 불확실하다.
좌표 포착 자체는 제대로 했다 하더라도 잘 찾아가고 있는지,
경로 설정에 문제는 없는지도 쉽게 확신되지 않는다.

1985년 여름에 개봉한 영화 〈킬링 필드The Killing Fields〉를 봤거나 그 스토리를 알고 있는 대학생은 드물다. 하지만 캄보디아의 열대 수목들과 낡은 콘크리트 건물 속 해골이 가득한 방 안의 사진들이 이후 여러 다큐 영화 등에서 수차 방영되어서 그런지, 이 비극적인 참상을 어떤 형태로든 많은 젊은이들이 기억하고 있다. 필자는 1986년 여름방학 3개월 동안 미국 대학 기숙사에서 페인트칠을 하며 대학원 학비 일부와 생활비를 번 적이 있다. 그 시기 필자와 같이 일했던 동료 중 한 명이 캄보디아계 미국인인 다라 부스Dara Buth였다. 그는 필자와 같은 대학의 전기공학과 학부생이었는데 같은 아시아계에 나이도 비슷해서 우리는 금방 친구가 되었다. 학교에서는 페인트칠로 학비를 버는 학생들에게 교내 숙소를 무료로 배정해 주었다. 그때 다라와 나는 식비를 아끼기 위해 저녁이면 함께 숙소에서 전기밥솥으로 밥을 해서 먹었다. 더운 여름날, 대개 오후 5시면 일을 마치는데 미국은 서머타임제라 우리나라로 치면 오후 4시에 일과가 마무리되는 구조였다. 따라서 낮 동안에 먼지투성이가 된 몸을 시원하게 씻고 저녁을 든든하게 먹고 나서도 시간상으론 초저녁이었다. 특히 여름날이라 대개 주변은 훤했다. 당시 우리의 유일한 사치는 숙소 앞 잔디밭에 이불보 같은 큰 타월을 펼치고 그 위에 부처상같이 앉아 붉은 석양빛을 쳐다보며 방금 냉장고에서 꺼낸 찬 맥주를 보헤미안같이 즐기는 것이었다. 리츠 크래커와 만 리 밖 고국 이야기가 우리의 안주였다. 하루는 〈킬링 필드〉 영화 이야기를 꺼내니, 다라는 현실은 영화보다 더 참혹했다고 했다. 캄보디아에서 잘나가던 패밀리의 장남인 다라는 프랑스에 있는 의과대학에 유학 가기로 되어 있었다. 그런데 박격포탄이 시도 때도 없이 프놈펜 공항에 떨어지는 통에 사실 비행기가 공항에서 이륙을 못 해 프랑스 유학을 못 갔다고 다라는 남의 이야기처럼 말했다. 당시 필자는 박사과정 대학원생이었고 그는 학부생이었지만, 나이를 따져 보니 다라가 필자보다 두 살이나 더 많았다. 그는 가족을 모두 잃고 자신이 택시 운전기사의 보조 기사였다고 당국에 거짓말해 겨우 살아남았다고 했다. 1년에 검정 옷 한 벌과 소금 600g 그리고 매일 소량의 쌀을 배급받기 위해 집단수용소에서 하루 8시간 일해야 했다. 나머지 시간들도 대개 수용소 내부의 라디오를 통해 혁명가요를 듣거나 사상 개조를 위한 정치 교육을 받아야만 했다. 미국 달러나 금 이외에는 그 사회에서 거래되는 화폐가 사실상 없었기 때문에 집단수용소를 벗어나면 생존 자체도 여의치 못했다. 항상 배가 고팠던 사람들은 주변에서 움직이는 것은 무엇이든 잡아먹곤 했다. 어느 날 강물에 휩쓸려 떠내려오는 뱀을 운 좋게 잡은 동료 한 명이 횡재인 줄 알았다. 그런데 그때 누군가가 "코브라다!" 하고 외치는 소리에 깜짝 놀란 그는 뱀을 잡았던 손을 본능적으로 놓게 되었다. 그러자 바로 그 순간 코브라의 치명적인 독니에 물려 그가 쓰러졌는데 옆에서 일하던 동료들은 그냥 멍청하게 바라만 봤다고 했다. 현실에서 오염된 사회를 청소하고 노동자 천국을 실현하고자 했던 공산주의자 폴 포트는 유토피아는커녕 4년 집권 기간 동안 800만 명의 국민 중 4분의 1을 학살하는 생지옥의 현장, 디스토피아로 막을 내렸다. 다라는 일반 외국인들의 생각과는 달리 베트남군이 캄보디아에 진군해서 폴 포트 정권을 몰락시킴으로써 자신을 포함해서 대부분의 캄보디아 국민들이 고향으로 돌아갈 수 있게 되었다고 했다. 다행히 당시 유엔에서 일하고 있던 삼촌이 자신에게 인편으로 달러를 보내 줘 그 돈 덕분에 밀림과 국경을 넘어 태국 난민촌으로 넘어올 수 있었고 이후 난민 자격으로 미국으로 넘어오게 되었다고 했다.

『유토피아』는 16세기 영국의 정치가이자 작가인 토머스 모어의 대표작이다. 16세기 초반 영국 사회는 이미 양모 산업이 발달하기 시작하고 대규모의 농지가 초지로 바뀌게 된다. 경작할 땅이 없었던 농민들은 부득불 도시로 이주하게 되지만, 아직 제조업이 제대로 발전하지 않은 도시에 변변한 일자리가 그렇게 많이 있을 턱이 없다. 따라서 상당수의 이주 농민들은 도시 빈민이나 범죄자로의 길을 가게 되었다. 여기에 모어는 그 나름대로 모두가 평등하게 잘 사는 방법은 무엇일까 고민하게 되고, 모든 문제 해결의 열쇠는 불평등의 해소에 있다고 보았다. 문제는 그 불평등을 어떻게 해소할 것인가인데, 그는 『유토피아』에 히슬로다에우스Hythlodaeus(허튼 소리를 하는 사람)를 등장시켜 자신의 고민을 풀어 나간다. '유토피아'는 모든 사람이 불평등 없이 행복하게 살아가는 이상향의 땅인데, 히슬로다에우스는 자신이 그곳을 보고 온 적이 있다고 사람들에게 떠벌린다. "사유 재산이 존재하는 한, 그리고 돈이 모든 것의 척도로 남아 있는 한, 어떤 나라든 정의롭게 또 행복하게 통치할 수는 없습니다." 사실 히슬로다에우스는 모어의 아바타다. 모어는 히슬로다에우스의 입을 빌려 자신의 생각을 풀어낸다. 사유 재산과 돈이 존재하는 한 그 사회는 불평등 사회가 될 수밖에 없다고 모어는 생각했다. 따라서 그런 사회에서는 정의와 행복의 실현이 불가능하다고 보았다. 사람이 살아가는 데 없어서는 안 되는 기본 재화들, 예컨대 머무를 집과 먹을 음식 그리고 입을 옷 등에서의 차별은 인정되지 않는다.[23] 그 사회에서는 모든 사람들이 똑같은 옷을 입고, 마을 회관 같은 곳에서 똑같은 음식을 먹고, 똑같은 설계에 따라 건축된 똑같은 구조의 집에서 산다. 개별 가구의 문은 항상 열려 있어 누구든 그 집 안으로 들어갈 수 있다. 그리고 그 사회에서는 막걸리나 맥주같이 생필품이라고 보기 어려운 불요불급하고 백해무익할 수 있는 재화를 만들기 위해 귀한 곡물을 사용하지 않는다. 모든 국민이 하루 6시간씩 함께 일하고, 함께 먹으며, 함께 '반듯한' 생활을 영위해 간다. 일하고 남는 시간이 있으면 모든 국민이 지적·예술적 교양을 쌓아 가야 한다. 모어는 히슬로다에우스의 입을 통해 자신의 생각을 풀어냈지만, 그런 세상이 현실에서 가능하리라고 생각하지는 않았던 것 같다. 그는『유토피아』의 끝부분에서 사유 재산이 없는 공동체적 삶과 돈이 없는 경제 흐름을 반박한다. "극단적인 정의는 부정의다."라는 말로 자신의 논지를 매듭짓는다. 크메르 루주의 폴 포트가 꿈꾸었던 노동자 천국의 사회가 가장 불평등한 사회가 될 수 있을 것임을 모어는 500여 년 전에 이미 내다보았던 것이다.

사람들에게 행복하게 살고 싶은지 물어보면 그 답은 무엇일까? 그렇지 않다고 대답하는 사람이 있을까? 부자가 되고 싶은지 물어보면 그 답은 어떨까? 건강하고 행복한 삶을 원한다고 이야기하면서 건강하고 행복한 삶과는 어긋나는 선택을 하는 사람들은 또 어떤가. 건강하고 행복한 삶을 원하는지 물어보면 사람들은 아마 거의 대부분 "그렇다."라고 답할 것이다. 그런데 사람들이 건강하고 행복한 삶에 부합하는 일상적 태도와 선택을 실제 하고 있는지 살펴보면, 그 실상은 아마 부정적인 경우의 비중 또한 만만치 않을 것이다. 부유하게 사는 것에 대한 답은 훨씬 더 미묘할 수 있다. 부자가 되는 것이 싫다고 얘기하는 사람은 드물겠지만, 부자가 되기 위해 자신이 중요하게 생각하는 것들을 많이 희생해야 한다면 사람에 따라 "뭐, 부자가 아니어도 괜찮아. 이렇게 사는 것만으로도 나는 충분해!"라는 이들도 상당히 많을 것이다. 실제로 미국의 한 조사에서, 가족의 연 소득이 일정 수준을 넘어서면 그다음 소득의 증가 부분은 그 가족의 행복 지수와 별 상관이 없다는 연구 결과가 있다.[24] 매년 발표되는 「세계 행복 보고서World Happiness Report」를 보면 우리 인간은 행복을 삶에서 매우 중요한 가치로 판단하고 있음이 분명하다. 그런데 자신의 삶을 행복이 아니라 '불행한 삶' 쪽으로 이끌어 가는 경우가 있다면, 이는 삶의 좌표 설정 자체를 잘못했다기보다 실제 좌표와는 다른 위치에 좌표가 있다고 착각하고 있거나 또는 좌표 자체는 바른 곳에 설정해 두었지만 여러 사유로 인해 경로를 잘못 설정하고 접근하는 경우에 해당한다. 어느 경우든 넓게 보면 '삶의 행복에 대한 좌표 착각'에 해당한다. 물론 좌표 착각이 행복 추구 과정에만 나타나는 것은 아니고, 삶의 여정에서 우린 다양한 좌표 착각에 직면할 수 있다.

행복한 삶이 도면상의 좌표처럼 특정 지점에 고정되어 있는 것은 아닐 것이다. 움직이고 변화하는 것이며 변화할 수 있다. 행복한 삶을 고정된 좌표로 인식하고 행동하는 사람은 흡사 '갈라파고스 신드롬'에 빠진 것처럼 스스로 고립되어 외부 변화에 적응하지 못해, 바로 곁에 다가온 행복 지표를 인지하지 못하고 엉뚱한 곳에서 자신의 행복 지표를 찾아 헤맬 수 있다. 해리 포터 소설 시리즈의 저자 조앤 롤링은, 삶은 어렵고 복잡하게 짜여져 있으며 개인이 마음대로 통제할 수 있는 어떤 것이 아님을 강조한다. 그리고 그 관계를 제대로 이해하는 겸손함은 그 삶의 흥하고 망함의 파도를 헤쳐 갈 수 있게 하는 힘의 원천이 된다고 보았다. 우리는 사실 삶의 좌표를 항상 제대로 설정하고 또 그 설정된 좌표에 도달하기 위해 바른길만 찾아갈 수 있는 존재는 아니다. 좌표는 원래 공간에서 점의 위치를 표시하기 위해 사용되는 값을 일컫는다. 2차원 평면에서는 원점에서 만나는 X(가로)축과 Y(세로)축을 이용해서 점의 위치를 (x, y)로 표시하는 것이 가능하다. 만약 3차원 입체 공간에서는 X축, Y축, Z(높이)축을 이용해서 점의 위치를 (x, y, z)로 표시한다. 좌표의 개념 자체는 실제 지극히 단순하다. 천장에 붙어 있는 파리와 같이 허공중에 존재하는 어떤 물체의 위치를 포착하는 방법의 하나로 좌표가 고안되었다는 설이 있다. 하지만 그 개념을 몰라서 현실 생활에서 좌표를 사용하고 있지 않다면 어떻게 될까? 아마 대부분의 현대 기기들 사용에 큰 제약이 따를 것이다. 자동차, 선박, 항공기, 인공위성 등의 위치 파악과 조정이 사실상 불가능할 것이다. 컴퓨터와 고도 정보 통신 기술의 활용이 크게 제약될 수밖에 없다. 실제 관제탑에서 수많은 이착륙 비행기를 통제하는 데에는 좌표 체계의 활용이 필수적이다. 동일한 시간, 동일한 좌표에 복수의 비행기가 교차하게 되면 그 결과는 참혹할 것이다. 반대로 적의 미사일을 공중에서 요격하는 데에는 적의 미사일과 동일한 시각, 동일한 좌표에 요격 미사일을 교차시키는 능력이 필수적이다.

필자는 요즘 한국 사람인 것이 은근 으쓱하고 괜찮을 때가 있다. 과학 분야에서 노벨상을 수상하는 한국인이 있어서도 아니고 정치 영역에서 전 영국 수상 윈스턴 처칠 같은 존경할 만한 한국인이 있어서도 아니다. 글로벌 시장에 분명한 족적을 남기는 우리 민간 기업들의 열정과 헌신은 분명 자랑스러운 것이지만, 개인적으로 그보다 더 필자의 어깨를 빳빳하게 세워주는 것은 우리 국민들의 대범함이다. 사실 한 세기 전만 해도 우리는 이웃 나라 일본에 상당 기간 정복당하고 지배당한 민족이었다. 지배 계층의 분명한 저항이나 항쟁 없이 나라를 통째로 다른 나라에 넘긴 수치스런 역사를 가진 나라였다. 그런데 지금 일본 정부나 상당수 일본인의 행태를 보면, '우리가 지난 세기 수십 년 동안 일본을 지배했던 것이 아닐까?' 하는 생각이 들 정도로 양측은 인식과 행동에서 대조적이다. 근대 극동 아시아에서 다른 나라를 지배했던 쪽은 오히려 막히고 비좁은 통로를 어떻게든 찾아내서 홈을 후비며 파고들어가고 있는데, 다른 나라에 지배당했던 쪽은 격동하는 국제 정세 속에서 과거의 상처를 들쑤시기보다 앞으로 상호 이익을 위해 교류와 협력의 길로 나아가려는 대범한 모습을 많은 국민들이 보여 주고 있다. 과거 한때 승리자로서의 자신감과 여유를 보여 주지 못하는 이웃 나라가 안타깝지만, 한때 패배자였으나 과거를 딛고 미래지향적인 이해와 자신감을 보여 주는 우리 국민들의 모습은 그 자체로 더욱 자랑스럽다. 지배당했던 나라의 상처가 결코 가볍지 않지만 미래를 위해 앞으로 나아가자는 인식은 분명 선진적이다. 혹자는 일본이 섬나라라 민족성이 내부 지향, 축소 지향, 안전 지향인데, 한국은 대륙의 일부라 민족성이 외부 지향, 확산 지향, 도전 지향이라는데, 얼마나 맞는지는 모르겠다. 근대 초기 조선이 패망한 데에는 여러 원인이 있겠지만 무엇보다도 국가의 존립을 지킬 수 있는 내적 역량의 함양을 소홀히 했기 때문이다. 인류의 긴 역사를 돌아볼 때, 침략자의 공격성보다 침략받은 자의 무대책과 무방비성에 더 책임이 있는 경우가 적지 않다.

대런 애쓰모글루와 제임스 로빈슨은 『국가는 왜 실패하는가』에서, 성공하는 나라의 선순환적 길과 실패하는 나라의 악순환적 경로의 답은 예상외로 간단함을 강조했다. 어떤 나라든 포용적 경제 제도를 가지고 있어야 성공할 수 있는데, 그 포용적 경제 제도는 포용적 정치 제도와 불가분의 짝이라는 것이다. 포용적 정치 제도는 포용적 경제 제도를 강화하고, 포용적 경제 제도는 포용적 정치 제도를 지지한다는 것이다. 포용적 경제 제도inclusive economic institutions는 사유 재산이 확고히 보장되고, 법체계가 공평무사하게 시행되며, 누구나 교환 및 계약이 가능한 공평한 경쟁 환경을 보장하는 공공서비스를 제공한다. 또한 새로운 기업의 참여를 허용하고 개인에게 직업선택의 자유를 보장한다.[25] 이에 반해 수탈적 경제 제도extractive economic institutions하에서는 쇠락의 길로 갈 수밖에 없는데, 이 역시 수탈적 정치 제도와 한 짝을 이루게 된다. 수탈적 정치 제도는 수탈적 경제 제도를 강화하고, 수탈적 경제 제도는 수탈적 정치 제도를 지원한다. 따라서 수탈적 제도하에서는 악순환 흐름이 발생하게 된다. 『조선과 그 이웃 나라들』에서 이사벨라 버드 비숍 여사가 날카롭게 지적한 것처럼, 조선 말의 상황은 수탈적 정치 제도와 수탈적 경제 제도의 앙상블로 보인다.[26] 크메르 루주의 폴 포트 정권은 극단적 형태의 수탈적 정치·경제 제도의 국가에 속한다. 로봇같이 완벽하게 정형화되고 규격화된 인간과 사회를 창출하는 것을 '이상향에 이르는 길'로 인식한 독재자의 광기가 만들어 낸 참혹한 결과다. 정치 지도자의 좌표 착각이 어떤 식으로 표출되고 무엇으로 귀결될 수 있는지를 보여 주는 분명한 증거이자 경고다. 완전한 '인간 개조'를 통한 이상향 건설을 꿈꾸었던 폴 포트의 좌표 착각은 실제 좌표와는 다른 위치에 좌표가 있다고 착각한 경우에 해당한다. '히슬로다에우스의 허튼 소리'에서 벗어나지 못한 어리석은 좌표 착각이다. 조선 말의 상황은 좌표 설정 자체를 잘못했다기보다 실제 좌표와는 다른 위치에 좌표가 있다고 착각한 집단들과 좌표 자체는 바른 곳에 설정해 두었지만 여러 사유로 경로를 잘못 설정하고 접근한 집단들의 합작품의 결과로 보인다. 그런데 일상의 삶 속에서 발생하는 대부분의 좌표 착각은 바로 이 범주에 속한다.

어느 날 필자는 나 자신이 좌표 위치 판단 오류 또는 좌표 도달 경로 설정상의 오류 등에 의한 '좌표 착각'으로 엉뚱한 화를 내고, 엉뚱한 기대를 하며, 엉뚱한 용기를 내거나 엉뚱한 셈을 하고 있었던 것은 아닐까 하는 의구심이 들었다. 그리고 만약 이런 인식과 행태가 필자만의 문제가 아니라 사람의 보편적인 문제라면 어떨까 하는 생각이 스쳤다. 우리가 엉뚱한 상대에게 엉뚱한 화를 내면 문제 해결에 아무런 보탬이 되지 않고 사실 문제 해결이 더 어렵게 된다. 부자들의 탐욕과 이기심을 비판하고, 심지어 부자와 가난한 나의 동시 존재 자체를 억울해하고 받아들일 수 없을 수 있지만, 그런 행동이나 반응이 부자와 가난한 사람들의 동시 존재 자체를 없앨 수 있을까? 부자들의 이기심과 욕망을 줄여서 '나눔의 사회'를 만들어 가는 데 보탬이 될 수 있을까 하는 것이다. 그리고 우리가 상대에게 지나친 기대 내지 엉뚱한 기대를 하게 되면 그 역시 문제 해결 내지 상황 개선 자체를 망치게 된다. 우리의 인식이 편향되어 가당치도 않은 엉뚱한 기대를 자신도 모르게 할 수 있다. 빅토르 위고의 명작『레 미제라블』에서 신부로부터의 감화 후 장발장이 보여 준 선택과 행동은 문학의 내용으로는 몰라도 현실에서 우리가 모방하거나 실천하기는 극히 어려운 것들로 가득 차 있다. 엉뚱한 용기의 경우도 흡사하다. 어려운 현실에서 그 현실 문제를 헤쳐 나가는 용기는 분명 바람직한 가치다. 그런데 그 용기가 종교, 민족, 사상 등 극단주의와 결합되어 발현되면 그것은 전혀 다른 사회적 문제로 귀결될 수 있다. 진정으로 우리가 추구하는 가치 좌표에 대한 오해, 인식 오류 등이 인식상의 문제로 끝나지 않고 파괴와 혼돈의 불쏘시개가 될 수 있는 것이다.

1976년 노벨 경제학상 수상자인 밀턴 프리드만이 자유 시장 경제의 놀라운 장점을 일반 대중들에게 가장 간명하게 어필한 예로 흔히 그와 아내와의 공저『선택의 자유』의 표지 사진이 언급된다. 이 사진 속에서 프리드만은 단정한 차림을 한 채 한 자루에 150원 정도 하는 노란색 연필 하나를 들고 앉아 있다. 그러고는 독자들에게 이것이 어떻게 이 가격으로 여러분에게 오게 되었는지를 아냐고 묻는다. 연필심 원료인 흑연을 캐는 광부나 광산주, 연필 몸통 나무를 자르는 벌목꾼이나 산주, 연필 끝 지우개 고무를 생산하는 농장의 작업부나 농장주, 그리고 연필 생산 공장의 근로자나 사장 등이 사전에 연필 생산을 위해 모여 의논한 결과로 이런 가격에 이런 품질의 연필이 공급되는 것이 아니라는 것이다. 우리가 문구점에서 쉽게 구할 수 있는 그 연필은 자유 시장 경제의 가격 결정 시스템과 '보이지 않는 손'의 결과라는 것이다. 어떤 절대자나 대단한 사람의 계획이나 자선이 아니라 글로벌한 차원에서 끊임없이 이루어지는 자유 거래 시스템에 의해 모두의 삶이 풍요해진다는 것이다. 그리고 어느 시대든 그 단순한 작동 원리를 무시하고 간과하는 사회나 국가는 궁극적으로 쇠퇴할 수밖에 없다는 통찰을 그 간단한 사진 한 장이 담고 있다. 그리고 그의 이런 예견은 상당 부분 적중했다. 특히 구소련 붕괴 과정에서 여실히 증명되었다. 다만, 자유 시장 경제 역시 모두에게 동일한 혜택을 가져다주는 것은 아니다. 시장 메커니즘과 자유 거래 시스템은 일부 집단이나 계층에게 소득 격차나 양극화의 형태로 분명 고통을 안겨 준다. 문제는 전체적으로 어떤 경제 체제가 바람직하냐이다. 총합적인 기준에서 바람직한 경제 체제를 선택하고 그 단점을 보정하기 위한 장치를 꾸준히 모색하는 것이 중요하다.

부의 불평등 문제는 원시 공동체 사회를 제외하고는 인류사에서 한 번도 해결된 적이 없다. 심지어 부의 불평등 문제를 해결하겠다고 기치를 들었던 공산주의 사회에서도 부의 불평등 문제는 해결되지 못했다. 공산주의 사회는 사실 부의 불평등을 넘어 '전 분야의 불평등화'를 만들었다. 여기서 우린 부의 불평등 문제는 어쩌면 사람들의 능력 차이나 탐욕의 문제가 아닌 것이 아닐까 생각해 볼 수 있다. 애초에 똑같은 능력과 동일한 수준의 이기심을 가진 개인들이 공간상에 골고루 퍼져 존재하고 있더라도 부의 불평등은 탄생하게 되어 있는 것이 아닐까 하는 것이다. 물리학자들의 컴퓨터 시뮬레이션 실험 결과를 보면, 애초에 동일한 투자 능력을 가진 사람들이 동질적인 공간에 거주하고 있더라도, 부의 가치가 상대적이고 규모의 경제 등이 작동하면 부는 소수의 손에 집중된다. 장필리프 부쇼와 마르크 메자르드는 컴퓨터 시뮬레이션상의 인공 세계에서 동일한 투자 능력을 가진 사람들의 존재와 부의 가치가 상대성을 가질 때, 아주 순간적인 우연으로 부를 조금 더 가진 개인이 등장하면 사회 전체의 부는 순식간에 소수에 집중되는 경향을 보인다는 것을 발견했다. 보다 더 정확하게, 부가 10배 늘어날 때마다 그 부를 소유한 사람의 수는 정확하게 6분의 1로 떨어지는 멱함수 법칙을 따른다고 한다.[27] 1000억의 부를 가진 사람의 수는 100억의 부를 가진 사람 수의 6분의 1에 불과하다는 것이다. 이 결과는 우리가 때로는 분노하고 비난하는 부의 불평등이 결코 특정 개인의 탐욕이나 이기심의 문제만이 아닐 수 있다는 강력한 증거가 될 수 있다.

우리는 정치인, 배우자, 부모 등 어떤 대상에 대해 지나친 기대 내지 엉뚱한 기대를 하고 있는 것은 아닌지 여기서 한번 생각해 볼 필요가 있다. 파리 소르본대학교 교정 입구에는 『레 미제라블』의 저자 빅토르 위고의 좌상이 멋지게 자리 잡고 있다. 위고에게 장발장은 가장 완전한 인간의 모습이다. 자베르는 인간적인 약점을 오롯이 지니고 있는, 어떻게 보면 가장 인간적인 존재로 소설 속에서 장발장과 완벽한 대조를 이룬다. 소설 『레 미제라블』은 1832년 6월 군주제 폐지를 외치는 공화주의자들의 봉기를 배경으로 하고 있다. 자베르의 관점에서는 자신이 진정으로 원하는 것을 하기 위한 자유, 즉 '적극적 자유'란 있을 수 없는 것이고 존재할 수도 없는 허상이다. 그런데 나쁜 놈일 수밖에 없는 범죄자인 장발장이 자신은 도저히 생각도 할 수 없는 '적극적 자유'를 추구하는 행동을 현실에서 보여준다. 그리고 무엇에 홀린 듯 범죄자인 장발장을 풀어 주는 자신을 자베르는 이해할 수도 없고 받아들일 수도 없다. 결국 자베르는 스스로 결박해서 흐르는 강물에 몸을 던진다. 필자는 중년이 되자 장발장 같은 삶이 현실성이 있는 것일까 하는 의

문을 떨칠 수가 없었다. 훌륭한 신부와 장발장의 교류와 감화, 그리고 도저히 필자라면 선택하기 어려운 선행을 실천하는 장발장의 모습이 진정 인간성에 대한 참승리의 모습인지 의문이 들었다. 그리고 장발장의 삶이 진정 위고가 지향했던 삶일까 하는 궁금증도 생겼다. 따라 하기 힘든 삶의 모습을 보여 주는 것이 정말 좋은 것일까? 사람이라면 처벌과 투옥을 두려워하고 외부로부터 부정적인 간섭을 받지 않는 '소극적 자유'를 쟁취하기 위해 경우에 따라서는 거짓말이든 외면이든 무언가를 하기 쉽다. 자신으로 오인된 다른 범죄자를 그냥 외면했으면 장발장은 영원히 범죄 혐의로부터 벗어날 수 있었다. 그런데 굳이 법정에 가서 자신이 진짜 범죄자임을 밝히는 장발장의 모습은 성자의 모습 그 자체다. 어쩌면 보통 사람이 실천하기 어려운 삶의 지향점을 장발장을 통해 작품 속에서 구현함으로써 위고는 '삶의 등대'를 자기 자신과 우리에게 제시하고 싶었는지 모른다.

애착 육아 스토리를 보자. 부모와 아이의 정서적 관계의 중요성을 강조하는 내용이다. 틀린 말은 아니지만, 그 과정에서 젊은 부모의 어깨 위에 너무 무거운 짐을 지울 수 있다. 훌륭한 부모의 모습을 설정하고, 사회가 젊은 부부들에게 그 이상적 모습을 요구하거나 젊은 부부들이 스스로 부담을 가지게 되면 결과는 어떻게 될까? 아마 현실에서 그렇게 나타나듯이 젊은 부부들의 자녀 양육 기피 현상이 나타날 수 있다. 그렇다면 그게 도대체 궁극적으로 맞는 건지 의문을 제기하지 않을 수 없다. 나심 탈레브의 지적처럼, 누군가가 우리에게 성을 물려줬는데 그 성에 감사하기는커녕 그 성의 욕실 바닥에 곰팡이가 슬었는지 걱정하다 성 자체를 물려받지 못하게 되는 꼴로 귀착되는 것은 아닌가 하는 것이다.[28] 인류학자들인 로버트 러바인과 세라 러바인의 공저 『부모는 중요하지 않다』는 아이의 정서적 상처를 강조하는 전문가의 경고를 맹신하지 않아야 육아의 부담을 덜 수 있음을 지적하고 있다. "미국 중산층에게 양육은 이전보다 훨씬 더 노동 집약적이고 스트레스를 많이 받는 방식으로 실천되고 있다."라며, "영아기부터 대학 진학에 이르는 모든 단계에서 양육은 더 많은 부모의 관심과 생각, 에너지를 요구하는 방식으로 재정의"되었음을 강조한다. 부모가 양육을 그렇게 완벽하게 하지 못해도 아이는 잘 자랄 수 있다는 것이 저자들의 논지다. 나이가 들어 보면 육아에는 왕도가 없다는 것을 경험으로 안다. 필자도 부모가 아이의 심리에 미치는 영향은 소위 전문가들이 주장하는 것처럼 그렇게 크지 않을 것으로 생각한다. 현실에서 아이들의 회복탄력성은 생각보다 커서 아동의 심리 발전 과정에 미치는 부모의 양육 방식의 영향을 지나치게 강조하는 것은 과잉 진단으로 보인다.

우리는 현실에서 조종당하고 있는 것을 지각하지 못하고 엉뚱한 용기를 발휘할 수 있다. 특히 청소년들과 청년들은 그들의 열정과 피를 이용해서 자신들의 이익을 성취하고자 하는 모순적인 극단주의자들의 존재를 지각하지 못할 수 있다. 오래전 스피노자는 "인간은 스스로가 자유롭다고 믿는다는 점에서 기만당하고 있음"을 강조했다.[29] 사실 우리 인간은 스스로 생각하는 것보다 훨씬 적은 자유의지와 자율성을 가지고 있다. 젊은이들에게 한정된 문제는 아니지만, 자신이 특정 이념이나 종교에 지나치게 영향을 받고 있는 것조차 지각하지 못하는 존재가 인간이다. 볼 수 없는 공은 칠 수 없는 것이다. 2022년 8월 12일, 작가 살만 루슈디는 뉴욕에서 강연 준비 중에 강단에 있던 한 청년의 칼에 난자당해 큰 상처를 입게 된다. 루슈디는 벌써 30여 년 전인 1988년 『악마의 시』를 발표하여 이란의 이슬람교 최고 지도자 아야톨라 루홀라 호메이니에 의해 사형 선고를 받은 사람이다. 현행범으로 현장에서 체포된 범인은 시아파 극단주의에 동조하는 24세의 하디 마타르로, 레바논 이민자 가정의 청년이었다. 극단주의Extremism는 종교, 민족, 사상 등 어떤 분야에서도 나타날 수 있다. 하지만 최근 일부 특정 종교나 이념의 극단성이 국내 사회 문제이자 글로벌 문제로 심각해지고 있다. 그것이 무엇이든 극단주의로 치닫게 되면, 공통적으로 '우리'와 '적'이란, 섞여 화합할 수 없는 두 집단이 생성되게 된다. 적에 대해 분노하고 증오하는 것은 당연하다. 오히려 그렇게 하지 않을 경우 순수성이나 용기 부족으로 동일 집단 내에서 따돌림을 당하거나 비난받을 수 있다. 청소년기와 청년기의 사람은 대개 또래 집단 내에서 비속어나 거친 행동 등으로 자신의 위상을 끊임없이 확인해 가는 것으로 알려져 있다. 극단주의의 폐해 역시 폭력성이 가장 두드러지는 청소년기와 청년기에 주로 나타난다. 그 시기 그네들이 분출하는 테스토스테론은 그들을 용기 있게 하고 헌신하게 하며 기성세대를 경멸하게까지 이끈다. 마타르 역시 주변에서는 그냥 사교적이고 활달하며 평범한 청소년이었다고 한다. 사건이 발생하기 몇 년 전 장기간의 레바논 여행 후 그는 미국 사회에서의 소수 민족의 위상에 대해 분노하고 심지어 가족 구성원들과도 심각한 갈등을 겪게 된다. 그는 이슬람 극단주의에서 순수함과 용기 그리고 정의까지 발견하면서 그 나름의 새로운 돌파구를 찾게 된 것이다. 자신은 용기 없고 순수하지 않은 주변의 다른 사람들과는 달리 자신의 모든 것인 생명까지 바쳐 이 땅에서 올바름의 빛을 밝히는 진정한 용사로 변신하고 싶었던 것이다. 문제는 마타르의 선택과 행동은 세월이 흐른 후 그가 자신의 행동을 되돌아볼 때 좌표 착각으로 인한 것이었음을 뒤늦게 깨달을 수 있다는 것이다. 극단주의자들은 실제로 자신들은 그 선동 내용과 다른 행동을 하는 경우가 적지 않으면서, 순수한 젊은이들의 열정을 엉뚱한 곳으로 이끄는 경우가 많다는 점이 더 문제다. 생활 속에서의 보편적 올바름과는 별개인 올바름은 거의 대부분 좌표 착각에 해당한다.

대니얼 카너먼은 우리 삶에서 주목 착각 현상이 나타남을 경계한다. 주목 착각focusing illusion은 삶에서 특정 부분에 주목하면 전체 평가에서 그 부분이 커 보인다는 것이다. 주목 착각의 본질은 보이는 것이 전부라는 원칙이다. 지금 삶에서 무언가를 생각하고 있다면, 그것이 무엇이든 지금 생각하는 것만큼 중요하지 않다. 결혼 결심은 집단적인 '감정 예측' 오류를 반영하고 있다. 결혼 당일에도 신랑과 신부는 사회의 이혼율이 높고 자신들이 결혼 생활에 실망할 확률이 더 높나는 사실을 뻔히 알지만, 그 통계는 그저 남의 얘기라 믿는다. 사람은 자신과 기억하는 자아를 동일시하고 자기 삶의 이야기에 관심을 갖는다. 기억하는 자아[30]는 심각한 주목 착각에 빠지는 성향이 있다. 주목 착각에 빠지면 중요한 구매나 바뀐 환경이 미래의 삶의 질에 미치는 효과를 과장하기 쉽다.[31] 셀피 시대에 성장한 아이들을 생각해 보자. 그렇지 않아도 인간은 태생적으로 자기중심 행태를 보이는 경향이 있다. 인간은 아마 지구상에 존재하는 생물 중 가장 취약한 존재 중의 하나로 태어난다. 어머니와 아버지가 긴 시간 돌봐 주지 않으면 원천적으로 생존이 불가능한 존재다. 그 과정에서 어머니는 아기가 원하는 것을 대개 최우선해서 보살펴 준다. 배가 고프다고 하면 젖을 주고, 어디가 불편하거나 아파서 낑낑대면 해결해 준다. 아기로서는 자신이 원하는 것이 무엇이든 그것을 자기 주변에서 언제나 해결해 주는 존재가 긴 시간 동안 바로 옆에 있는 것이다. 인간이 자기중심적인 생각과 행동을 하지 않는 것이 오히려 이상하다. 물론 성장 과정에서 인간은 사회화 과정을 거치게 되고 어느 정도 자기 위주의 사고방식을 서서히 수정해 가게 된다. 그런데 셀피 시대에 성장한 우리 아이들의 경우는 그 사회화의 과정이 늦게 되고 제대로 사회화되기도 어렵다. 더욱이 온라인 세상에서 자신의 아바타를 디자인할 수 있는 자기는 특별한 존재일 수밖에 없다. 세상의 중심이자 심지어 우주의 중심에 자신을 위치시키고 자기 아닌 타자를 주변인 내지 주변 존재로 격하시키게 된다. 자타 등가성self-other equivalance이 아니라 '자기중심씨 행태'를 보이는 것이다. 세상의 모든 것들은 자기를 위해서 존재하고, 심지어 부모조차도 자신의 행복을 위해 존재하는 부수물로 인지하기 쉽다. 타 중심 행태로의 전이 과정을 제대로 겪지 못한 나르시시스트가 우리 주변에 일상적으로 존재할 수 있는 것이다.[32] 이는 역설적으로 통제감locus of control이 낮은 사람들을 양산하는 구조다. 통제감이 낮은 사람들은 자신이 세상을 주도적으로 개척해 나가는 것이 아니라 정부나 다른 존재가 그들의 문제를 해결해 주기를 기대하는 나약한 존재다. 자신을 당구공치는 사람이 아니라 당구대 위의 공으로 인식하는 것이다.[33]

우리는 흔들림이 심한 시대의 한가운데에 서 있게 된 것 같다. 누구도 이런 상황이나 결과를 원하지 않았을 수 있지만, 현실은 현실이다. 삶의 분명한 좌표를 설정하는 것도 힘들고, 자신이 포착한 좌표가 정확한지도 불확실하다. 좌표 포착 자체는 제대로 했다 하더라도 잘 찾아가고 있는지, 경로 설정에 문제는 없는지도 쉽게 확신되지 않는다. 사회나 국가 차원의 공통 가치가 흔들리고 있고, 바람직한 공통 가치를 공유하고 확장하려는 노력들이 쉽게 외면받고 심지어는 배척되고 경멸받는 상황이다. 현대 건축의 위대한 거장 르 코르뷔지에는 만년에 '벌린 손'을 그의 작업 이념으로 삼았다. 우리의 현재 위치와 나아갈 방향이 불명확하면 할수록, 열린 사고에 토대한 협력적 태도로 노력하는 것이 나침반이 될 수 있다.

세 개의
어구

상대하기 거북한 이순신과 조선 수군을 궤멸하기 위해 제일 좋은 방법은
자신들에게 유리한 상황으로 이순신과 조선 수군을 유인해서
그들이 빠져나갈 수 없게 하여 격멸하는 것이다.
그 그물에 이순신과 조선 수군이 걸려들지 않으면,
다음은 자중지란을 일으켜 이순신을 제거하는 것이다.
물론 가능하다면 암살 등의 방법으로 이순신을 제거하는 것 역시
방안으로 거론되었을 것이다.

반세기 전까지만 해도 우리나라 강변에는 물고기들이 많았다. 피라미에서부터 붕어, 자라, 잉어에 이르기까지 소위 민물 어족 자원이 풍부했다. 그러다 산업화의 물결과 생활 수준의 향상 흐름이 맞물리면서 물고기들의 서식 환경이 파괴되고 지금은 강에 민물고기들이 많지 않다. 하늘 높이 솟은 아파트와 도로 및 교량을 만들면서 어디든 흔했던 강변 모래와 자갈을 우리는 무분별하게 채취해서 골재로 펑펑 썼다. 암석을 파쇄해서 골재로 이용하고 강변의 자갈을 보존해야 한다는 것을 그때 우리는 미처 몰랐다. 급속한 산업화 과정에서 깨끗한 강물이 언제나 그렇게 무한정으로 존재하고 이용 가능한 줄 알고 하천 관리 역시 소홀히 했다. 그러다 지금 우리는 국토의 동맥과 같은 주요 하천의 환경적·심미적·생산적 건강성 상실이라는 대가를 치르고 있다. 여기서 우리나라 강의 생태적 건강성 상실 문제를 언급하기 위해 오래전 피라미와 자갈 그리고 모래 등을 떠올리는 것은 아니다. 상황이 좋았을 때 강에서 그리고 모래와 자갈이 지천으로 있던 그곳에서 우리가 무엇을 할 수 있었고 배울 수 있었는지를 어린 동네 낚시꾼이 아닌 쉰 살 어부의 시각에서 한번 펼쳐 보고자 한다. 그 강변의 소박한 생각의 흐름 속에서 번뜩였던 '왜 사백여 년 전 그때는 그랬을까?' 하는 아쉬움의 조각들을 지금 이 순간 경험 많은 어른의 시각에서 새롭게 그려 보고 싶다. 우리의 추상력과 상상력은 동일한 사건을 놓고도 엮어 가는 방식과 재료에 따라 얼마든지 새로운 화폭에 새로운 그림을 그릴 수 있도록 한다. 그 과정에서 운이 좋으면 많은 사람이 놓치기 쉬웠던 감추어진 진실의 조각들을 새롭게 끄집어내고, 빠뜨렸던 퍼즐 조각을 맞춰 갈 수 있다. 시공을 초월하여 임진왜란 당시 일본군 본영의 밀실 안에 잠입한 흰머리 까마귀의 눈과 귀가 되고자 한다.[34] 바로 거기서 새롭고도 진실한 형상을 펼쳐 내는 것이 이번 장 「세 개의 어구」의 탐사 목적이다.

강이든 바다든 고기를 잡기 위해서는 장비가 있어야 한다. 낚시와 그물이 으뜸 장비다. 경우에 따라서는 작살을 쓰기도 하고 또는 잡고 싶은 물고기들이 스스로 걸려들도록 미끼를 담은 어구를 이용하기도 한다. 그중, 피라미 같은 민물고기를 유인해서 대량으로 잡는 데는 어항이 매우 유효하다. 바다에서도 준準어항에 해당하는 포획 장비인 통발이 있다. 문어, 장어, 게 등을 포획하는 그물형 통발이 작은 포구 언저리에는 대개 널려 있고 흔하다. 강변에서 사용하는 어항의 경우 예전에는 투명한 얇은 유리를 이용했다. 깨지기 쉬운 약점 때문에 지금은 대개 접었다 폈다 할 수 있는 얇은 플라스틱 어항을 유리 어항 대신 이용한다. 유리 어항은 투명도가 뛰어나 물속에 들어 있으면 물색과 똑같아 고기들이 잘 걸려든다. 당연히 플라스틱 어항

보다 유리 어항의 수확이 쏠쏠하다. 깻묵이나 건빵 같은 고소한 냄새가 솔솔 나는 미끼를 유리 어항 속에 적당히 넣고, 약하게 흐르면서 그렇게 깊지 않은 강물 속에 어항을 넣어 두면 일단 피라미 사냥을 위한 준비가 끝난다. 멀리 떨어져 있다가 대략 20~30분 후 어항 속 미끼가 흐르는 물에 다 쓸려 갔을 무렵 어항으로 가 보면, 아무 생각 없이 어항 속에 꼬여 들어간 물고기들이 그제야 심상치 않은 위험을 직감하고 발버둥 친다. 맑은 물속이면 그때 어항 속의 물고기들의 발버둥은 비늘 색깔과 형태에 따라 현대 입체파들의 회화가 되기도 하고 설치 예술가들의 설치 예술 작품이 되기도 한다. 비늘빛이 현란하면 그 순간 어린 동네 낚시꾼의 심장은 콩콩 뛴다. 놀란 피라미들의 움직임은 역동적이지만 거의 부질없는 역동성이다. 어항은 형태상 물고기가 들어갈 수는 있지만 물고기 스스로가 나올 수는 없게 만들어져 있다. 그런데 물살이 약하지만 흐르는 강물 속에 어항을 놓기 때문에 유리 어항이 떠내려가지 않을 정도로 물속에 작은 제방을 만들어 줘야 한다. 물속 작은 제방을 소홀하게 만들면 어항이 통째로 떠내려가 버리는 경우가 종종 있어 낭패가 될 수 있다. 그렇다고 대개 이날 하루만 쓸 물속 제방을 아주 크게 만들 수도 없다. 적정한 규모의 감을 잡는 것이 어린 동네 낚시꾼들의 역량이다. 물론 어린 동네 낚시꾼들도 낚시를 나서면서 어항만을 가져가거나 낚싯대만 챙겨 가지는 않는다.

어항으로 제대로 고기가 잡히지 않더라도 낚시로 제법 큰 놈을 낚을 수도 있고, 낚시가 마음먹은 대로 되지 않더라도 어항이나 투망으로 예상외의 재미를 볼 수도 있기 때문이다. 여기서 노련한 어부라면 적어도 세 개의 어구를 챙기는 것으로 알려져 있다. 상황이 절박하면 더 말할 것도 없다.

7년간의 지옥 같은 전쟁, 임진왜란은 정유재란까지 포함해서 1592년 봄에 시작된 전쟁이 1598년 초겨울까지 이어졌다. 7년간 조선 땅에서 동양 3국, 즉 명·일본·조선 세 나라의 운명을 건 일전이 벌어졌다. 그런데 엄밀하게 이야기하면 이 전쟁은 다국적군의 전쟁이었다. 조선에 파견된 명군 군사 중에 섬라(타이), 도만(티베트), 소서·천축(인도), 서번(티베트), 면국(미얀마) 등의 군사들이 있었고 심지어 파랑국(포르투갈)의 군사들도 참전하고 있었다. 이는 조선의 대신 이항복이 명 부총관 유정의 부대를 방문한 후에 선조에 보고한 내용이다. 임진왜란이 종식된 후 1599년 2월에 명군이 철수할 때 열린 연회 모습을 그린 〈천조장사전별도〉를 보면, 조선 사람들이 해귀海鬼라고 불렀던 포르투갈 병사들이 그려져 있다. 평양성 전투 때 이여송 부대가 사용한 것으로 알려진 공성 대포였던 불랑기포 역시 마카오의 포르투갈인들이 명나라에 전한 것으로 알려져 있다.[35] 기이하게도 그 전란 후 전쟁의 상처가 가장 컸던 조선만 기존 정치 체제가 유지되고 나머지 두 나라는 전란의 후유증 등으로 정치 체제가 바뀌었다. 중국에서는 한족인 명明이 망하고 신흥 세력인 만주족이 청淸을 일으키는 계기가 되었고, 일본에서는 도요토미 지배 체제가 종식되고 도쿠가와 막부가 들어서는 주요 계기가 된다. 긴 전란 기간 중에 조선 땅에서 일본군 20만 명, 조선군 20만 명, 명군 10만 명 정도가 격돌했는데, 아마 가장 중요한 문제 중 하나는 식량 문제였을 것이다.[36] 국토의 상당 부분이 황폐화되고 수년간 안정적으로 농사를 지을 수 없게 되면 그 결과는 자명하다. 일반 백성들의 경우 초근목피로 연명하는 것조차 쉽지 않았을 것이다. 가지고 있는 모든 것은 약탈의 대상이 되는 것이므로 정말 사람이 사람을 잡아먹는 상황으로 몰렸을 것임을 짐작하기 어렵지 않다.[37]

일본군의 경우는 어떠했을까? 침략군으로 조선 땅에 상륙했지만 살아서 돌아가는 것 그리고 전공을 세우고 가는 것이 지상 과제였을 것이다. 육전의 경우는 파죽지세로 조선 땅을 유린했지만 해전의 경우에는 상황이 크게 달랐다. 조선 수군의 핵심인 판옥선은 일본군의 주력선에 비해 선체가 훨씬 강해 선체 충돌 공격에 유리했다. 하지만 근접전에서 선상 교전 형태로 가게 되면 일본군이 우세했던 것으로 알려져 있다. 일본군의 배들은 판옥선에 비해 가볍고 빨라서 적선을 추격해서 상대편 함선에 사다리를 걸치고 넘어가서 적의 배 위에서 백병전을 벌이는 데 적합했다.[38] 전쟁 기간 내내 전선의 숫자에서는 일본군이 훨씬 우위에 있었다. 그런데 지형지물을 이용한 조선 수군의 공격과 방어 전략 등으로 인해 많은 왜선들이 가라앉자 일본군 내에서는 조선 수군과의 교전에 공포감을 가졌던 것으로 알려져 있다. 그리고 관련 소문은 증폭되어 일본 국내로까지 전달되었을 것이다. 조선으로서는 일본이 적이었지만 일본 병사들 역시 각자 그 가정에서 귀중한 자식이고 남편이었다. 게다가 일본은 100여 년의 긴 내전 후 이제 막 도요토미에 의해 힘으로 복속된 각 지역 영주들의 군대들이 강제 차출되어 전선에 배치된 것이다. 따라서 각 병사들로서는 집단적 헌신보다는 개별적 생존이 무엇보다 중요했을 것이다. 일본 국내에서는 조선 수군이 예상외로 강해서 자신들의 배가 이렇게 계속 가라앉게 되면 과연 자신들의 아들이나 남편들이 제대로 돌아올 수 있을 것인지 불안이 증폭되었던 것으로 알려져 있다. 명과의 협상 조건이 자신의 뜻과 크게 어긋난 것을 뒤늦게 깨달은 도요토미 히데요시가 정유재란을 일으킬 것을 결심할 당시에도 아마 가장 큰 걸림돌은 조선 수군과 명 수군의 역량이었을 것이다. 퇴로에 대한 불안 등으로 군 사기가 떨어지고 일본 국내가 술렁이자 히데요시는 조선으로 출병할 당시의 핵심 항구인 하카타에서 지역 영주들을 초청해 놓고 큰 잔치를 베풀었다는 기록이 있다. 하카타博多항에 정박 중인 수많은 전선과 수송선을 지역 영주들에게 보여 줌으로써 국내의 불안 여론을 잠재우고 싶었기 때문이었을 것이다.

정유재란을 앞둔 일본군 본영에서는 무엇보다도 조선 수군의 궤멸이 핵심 논제였을 것이다. 1차 침략전쟁(임진왜란)의 부진을 수군의 패전으로 인한 보급로 단절 때문으로 일본군은 파악한다. 특히 자신들의 수군이 기동력을 중시하는 작은 선박(세키부네) 위주여서 조선 수군에게 패했다고 보고 정유재란 도발 시에는 쓰시마와 간토關東 등지에서 건조한 대형 선박인 안택선을 대거 전선에 투입한다.[39] 명 수군의 경우는 사실상 남의 나라 전쟁이고 상황에 따라 얼마든지 뇌물 등으로 다룰 수 있는 존재라는 것을 일본 장군들은 인식하고 있었을 것이다. 명 육군의 경우는 만만한 상대는 아니지만 그렇다고 대적하지 못할 상대도 아니라는 것을 이미 계사년(1593)과 갑오년(1594)의 전투 경험으로 알고 있었다. 조선 육군의 경우는 매우 취약한 상태라는 것을 익히 알고 있었기 때문에 전략적 핵심 고려 사안과는 거리가 있었을 것이다.[40] 결과적으로, 조선 수군이 문제 중의 문제였던 것이다. 조선 수군의 궤멸을 통해 해로로 한양성이나 평양성까지 군수물자와 군병을 수송할 수 있으면 방어와 공격에 전략적 이점이 엄청나다. 더욱이 상황이 여의치 않을 때 본국인 일본으로 자신들이 돌아가야 하는데, 살아서 돌아가기 위해서는 제해권을 장악하는 것이 필수였다. 조선 수군의 궤멸을 위해서는 무엇보다도 조선 수군의 맹장 이순신을 제거해야만 한다는 것을 개전 초기에는 몰랐을 것이다. 하지만 임진년(1592), 계사년(1593), 갑오년(1594)이 지나면서 상대가 흔들리지 않는 두려운 존재라는 것을 알게 되었을 것이다. 적어도 정유년(1597) 1월 정유재란 발발 이전에는 이런 상황을 일본 군부 내 실세들은 명확하게 알고 있었음에 틀림없다. 병신년(1596)이 저물 무렵, 도요토미 히데요시는 협상 결렬과 재침 의사를 분명히 한다. 일본군 수뇌부는 2차 전쟁이 불가피하다는 전제하에서 전략을 짰을 것이다. 여러 가지 정황상 그 전략의 핵심에 이순신의 제거와 조선 수군의 궤멸 방안이 들어 있었을 것이다. 이미 여러 채널로 조선 조정의 상황을 꿰뚫게 된 일본군은 조선 조정이 당파로 분열되어 있으며 육군과 수군 간의 협력 체계 역시 원활하지 않음을 파악하고 있었던 것으로 보인다. 일본군은 임진년 왜란 발발 전에 승려나 장사치들을 이용하여 조선 전역의 핵심 성곽, 도로, 군대의 규모 등을 파악했던 것으로 알려져 있다. 100여 년의 긴 내전 기간 동안 적진 정보의 중요성을 잘 알고 있었던 일본군은 이중간첩 등을 이용하여 주요 조선 장군들의 성향과 주요 조선 조정 인사들과의 연계성까지 파악했을 가능성이 있다. 상대하기 거북한 이순신과 조선 수군을 궤멸하기 위해 제일 좋은 방법은 자신들에게 유리한 상황으로 이순신과 조선 수군을 유인해서 그들이 빠져나갈 수 없게 하여 격멸하는 것이다. 그 그물에 이순신과 조선 수군이 걸려들지 않으면, 다음은 자중지란을 일으켜 이순신을 제거하는 것이다. 물론 가능하다면 암살 등의 방법으로 이순신을 제거하는 것 역시 방안으로 거론되었을 것이다. 세 가지 방법 모두가 시도되었을 것임이 거의 틀림없다. 절박한 상태에서 '노련한 어부'는 적어도 '세 개의 어구'를 챙겨 집을 떠났을 것이기 때문이다.

이순신 암살은 시도되었겠지만 유효하지 못했을 것이다. 암살하기 위해서는 적어도 가까이 접근할 수 있어야 한다. 암살자가 직접 근거리로 접근하거나 또는 가까이 접근 가능한 사람을 포섭해서 암살자로 활용해야 한다. 사마천의 『사기 열전』에는 유명한 암살자들의 이야기들이 생동감 있게 그려져 있다. 우선 적의 신뢰를 얻기 위해서 자신의 팔을 자른다거나 적이 가장 죽이고 싶은 상대의 목을 베어 바친다. 또는 본국의 기밀 정보라고 할 수 있는 국내 상세 지도를 바치거나 뇌물 등으로 주변 인물들의 환심을 사서 적에게 접근을 시도한다. 그럼에도 불구하고 암살의 성공 가능성은 그렇게 높지 않다. 상대가 항상 경계하고 있고 유용한 정보를 확보하는 것이 쉽지 않기 때문이다. 이순신은 일본군에서 귀순한 자들을 받아들인 경우도 있었지만, 장사치나 이런 경우들은 대개 스파이로 간주해서 목을 베어 효수를 하는 등 정보 관리에 많은 신경을 썼다.[41] 결과적으로, 일본군의 입장에서는 직접이든 간접이든 원천적으로 적장에 대한 접근 자체가 쉽지 않았을 것이다. 누구보다 퇴로 확보에 신경썼던 고니시 유키나가小西行長는 이중간첩이자 부하인 요시라要時羅를 시켜 가토 기요마사加藤清正에 대한 거짓 정보를 조선 조정에 흘린다. 부유한 상인 출신인 고니시 유키나가는 상인 특유의 동물적 본성으로 위험 감지와 퇴로 확보 능력이 뛰어났던 것으로 보인다. 이순신을 퇴로 확보가 용이하지 않은 넓은 바다로 끌어내어 전선의 수가 훨씬 많은 일본 수군이 조선 수군을 격멸하는 유인계 전략을 펼친 것이다. 그리고 그 유인계가 이순신에게 간파당할 경우에는 최후의 필살책인 반간계라는 그물을 펼쳤을 것이다. 그간의 전투 정황으로 봐서 일본군 내부에서는 유인계가 통하지 않을 수 있다고 판단했을 가능성이 충분히 있나. 이 경우에는 '세 번째 어구'이자 필살기인 반간계 '그물'을 펼쳐야 하는데, 그 역시 상대가 미리 눈치채고 도망가 버리면 아무 소용이 없다. 따라서 반간계가 통할 수 있는 여지를 최대치로 끌어올려야 하는데, 그러기 위해서는 어떤 경우에도 상대가 반간계를 지각하지 못한 상황에서 전광석화같이 일을 마무리 지어야 한다. 고니시는 조선 조정의 당파적 갈등 상황을 최대한 이용하고 기밀 정보라는 미끼를 확실하게 물게 될 전달자를 물색하는 데에 심혈을 기울였을 것이다. 가토 기요마사에 대한 허위 정보를 덥석 물고 왕에게 전달할 실체로 경상우병사 김응서와 도원수 권율이 선택된다.[42] 정유재란을 앞둔 시점, 도요토미의 결정으로 일본군 내부에서는 이미 명과 일 간의 강화 회의 결렬을 알고 있었지만, 조선은 명의 안대로 강화가 맺어지길 소망하고 있었다. 이참에 요시라가 김응서에게 은밀하게 "우리 장군 고니시 유키나가는 지금 이 화의가 성사되지 못하는 것은 가토 기요마사 때문이라며 그를 무척 미워한다고 말하였습니다. 아무 날에 가토 기요마사가 바다를 건너올 것인데 조선은 수전에 능하니, 만약 바다에서 기다리고 있으면 그를 죽일 수 있을 것입니다. 부디 이 기회를 놓치지 마십시오."라고 미끼를 던진다. 이 반간계를 접한 경상우병사 김응서는 도원수 권율에게 보고하고 권율 역시 이 거부할 수 없는 미끼를 덥석 문다. 경상우병사와 도원수의 보고를 받은 선조 역시 히데요시의 직계 맹장이자 호전적인 가토 기요마사를 제거하면 전쟁을 조기에 끝낼 수도 있겠다는 다급한 마음에 적의 미끼를 의심 없이 물게 되고 이순신에게 출병 명령을 내린다. 그러나 이순신은 가토 기요마사가 모월 모일에 조선 동남쪽 바다 쪽으로 입항할 것이라는 정보가 적의 간계일 가능성이 높다는 것을 직감한다. 조선 동남쪽 바다라 할 수 있는 부산 앞바다와 서생포항 그리고 울산항 쪽에는 사실상 변변한 섬도 없고 넓은 바다뿐이다. 가까운 육지로부터 보급을 받기 어려우면 대규모의 전선들이 쉽게 노출되고 고립될 수 있다. 특히 야간에 안전한 항구에 전선들을 정박할 수 없으면 눈먼 새가 하늘을 나는 꼴이 될 수 있음을 이순신은 우려했을 것이다. 정유재란 무렵에 일본군들은 조선의 동남쪽 해안에 산성을 쌓고 대기하던 중이었기 때문에 조선의 동남 해안 지역 중 상당 부분이 사실상 일본군의 영역이었다. 동남 해안 지역을 따라 대규모의 전선이 이동하게 되면 적에게 이동 경로가 쉽게 간파될 수 있다. 이순신이 수십 번의 전투에서 사실상 전승을 할 수 있었던 것은 무엇보다 이길 수 있는 시점과 상황을 포착하는 데에 뛰어났기 때문이다. 명량 해전과 같은 불가피한 상황이 아니면 이길 수 있는 상황으로 상대를 끌어들여 전투를 벌이는 데 특출한 장군이 이순신이었다.[43, 44] 이순신은 왕명으로 내려온 기밀 정보에 따라 움직이면 조선 수군이 위험에 처할 수 있음을 직감하고 매우 당혹해했을 것이다. 조선의 주력 수군인 진라 좌·우도 병선들이 경상도 쪽으로 유인되어 퇴로를 차단당할 수 있다는 우려에서 진격하지 못하고 망설였을 것이다. 따라서 왕명인데도 이 기밀 정보대로 움직이지 않는다. 병법에 군 지휘관은 현장 상황에 맞지 않으면 왕명이라도 따르지 않는다는 원칙을 지킨 것이다. 하지만 정작 조선 조정의 정치적 역학 관계와 선조의 역량을 파악하는 데에는 이순신의 판단 착오가 있었던 것으로 보인다. 그 결과 왕명 거역 죄로 이순신은 파직되고 정유년(1597) 2월 26일 함거에 실려 서울로 압송되어 3월 4일 투옥된다.

이순신은 병법을 따랐지만 상대의 '그물'은 촘촘했다. 요시라는 이순신이 망설이고 출전하지 않자 최후의 필살기를 전달자들에게 펼친다. 요시라는 다시 "가토 기요마사가 이미 상륙했습니다. 조선은 어째서 그들을 공격하지 않았습니까?" 하며 매우 안타까워하는 척을 한다. 이 일이 조정에 알려지자 조정 대신들은 이순신을 문책해야 한다고 목소리를 높이고 심지어 처형해야 한다는 상소까지 올린다. 결과적으로, 의금부도사가 이순신을 잡아가고 원균이 수군통제사에 임명된다.[45] 고니시 유키나가를 포함한 일본군 수뇌부는 이 소식을 접하고 어떤 생각을 했을까? 여기서 우리는 위, 촉, 오의 중국 3국 대립 시기에 벌어졌던 적벽대전을 떠 올릴 필요가 있다. 위魏의 조조는 비범한 통치력과 강한 군사력으로 3국 중 가장 강한 상태로 촉蜀의 유비와 오吳의 손권을 위협한다. 퇴각을 거듭하던 촉의 유비 군은 오와의 연합으로 필사의 저항을 하던 중 양쯔강 지역의 험준한 적벽에서 조조 군과 대치하게 되고, 결과적으로 수전에 익숙하지 않던 조조의 수십만 대군을 적벽강물에 수장시킨다. 여기서 오군의 수군 도독인 주유는 화공으로 일거에 조조의 수군을 궤멸하는 전략을 구사한다. 그 화공 전술 과정에서 핵심적 걸림돌은 기마전에 익숙한 조조 군에서 수전에 능숙한 수군 도독들인 채모와 장윤의 존재다. 주유의 계책이 성공하기 위해서는 채모와 장윤이 제거되어야 하는데, 여기서 주유는 이간계를 구사한다. 조조 측에서 주유에게 항복을 권하기 위해 파견한, 주유의 동문수학 친구인 장간을 역이용해 채모와 장윤이 주유와 내통하고 있음을 나타내는 서간이 조조에게 전달되도록 판을 짠 것이다. 채모와 장윤이 적과 밀통한 증거에 격분한 조조가 이들의 목을 치면서 오의 입장에서는 적벽대전 승리를 위한 결정적인 매듭 하나를 풀게 된다. 이것이 우리가 잘 알고 있는 적벽대전 승리를 위한 출발점이다. 여기서 적벽대전 이야기가 우리의 역사적 사건과 뭔가 상당 부분 겹친다는 것을 쉽게 알 수 있다. 사실 3세기 초반의 적벽대전은 정유재란 시기보다 대략 1,300년 정도 전의 이야기로, 두 사건은 시기적으로 아무런 연관이 없다. 그런데 묘하게 두 상황이 겹친다. 조조가 거짓 증거를 접하고 격분해서 진짜의 중요한 인물인 채모와 장윤의 목을 치는 것과, 선조가 왕명을 거역하고 적을 공격하지 않은 핵심 장군을 제대로 살펴보지도 않고 처형하고자 했던 어리석음이 묘하게 겹친다.[46] 자중지란을 의도했던 일본군의 계략이 적중한 것이다. 다만 여기서 조선의 경우는 우의정이자 판중추부사였던 정탁 등의 구명 노력으로 인해 이순신이 겨우 처형을 면한다. 정탁이 이순신의 구명을 위해 선조에게 올린 상소문인 「신구차伸救箚」 내용의 행간을 읽어보면 당시 조정의 분위기와 선조의 심적 상태를 추론해 볼 수 있다. 신구차는 목숨을 구명하기 위해 올리는 상소문이다. 정탁은 1526년생으로, 이때 이미 만 70세가 넘은 노정승이었다. 영의정인 유성룡은 이순신을 발탁한 사람으로, 파당의 분쟁이 극심한 조정에서 이순신을 구명하기가 어려운 상황에 있었다고 봐야 한다. 유성룡이 어전에서 직접 이순신 편을 들고 구명활동을 펼쳤다면 아마 불에 기름을 붓는 결과를 낳았을 것이다. 이순신이 겁을 먹거나 태만해서 적을 놓아주었다고 생각하고 있는 선조와 이순신 반대파의 귀에 유성룡의 이야기는 제대로 들리지 않았을 것이다. 영의정의 반대파인 좌의정 김응남은 원균을 지지하는 세력으로, 이순신을 죽여야 한다는 입장에 서 있었다.[47] 만약 그나마 중립적인 정탁 등 대신들의 노력이 없었다면, 이순신의 생사는 적벽대전의 주유의 계략을 본뜬 일본군의 계략대로 죽음으로 귀결되었을 가능성이 높다. 이런 우여곡절 끝에 이순신은 28일간의 옥고를 치르고 백의종군의 명령을 받고 정유년 4월 1일 특사 출옥한다.[48] 빠져나올 수 없는 그물에서 지혜로운 사람의 도움으로 간신히 빠져나온 것이다.

약포 정탁이 쓴 「신구차」의 내용이 흥미롭다. 긴 상소문의 대략 3분의 1은 온통 선조의 영명함을 찬탄하고 이순신의 어리석음을 꾸짖는 내용으로 가득하다. 왕이 현명한 판단으로 지시를 내렸는데 어리석은 신하가 그 뜻을 제대로 받들지 못했다는 것이다. 그리고 이어서 어리석은 신하지만 적이 두려워하는 존재이므로 그를 처형하지 말고 그가 죄를 사할 기회를 한 번 더 주자는 것이 상소문의 골자다. "군기는 멀리 앉아서 헤아리기 어려운 법이므로 이순신이 진격하지 않은 데에는 그럴 만한 까닭이 있을 수 있습니다. 훗날 다시 한번 공을 세울 수 있게 하소서."라고 이순신의 목숨만은 살려 달라고 간청한다. 왜 노정승 정탁은 상소문 도입부를 선조의 영명함과 이순신의 어리석음으로 가득 채웠을까? 상소문의 목적이 이순신의 구명인데, 구명을 위해서는 무엇보다도 왕은 아무 잘못이 없는데 신하들이 왕을 제대로 보필하지 못해 이 사단이 생겼음을 강조해야 왕의 분노가 그나마 누그러뜨려진다고 생각했을 수 있다. 또는 왕이 실제로 경박하고 고집 센 사람이라 사려 깊지 못한 성향이 강하다고 판난해 그 내용을 특히 강조했을 수도 있다. 다양한 방향에서 상황을 판단하는 주도면밀함을 갖추지 못한 사람일수록 그를 무조건 칭찬하는 방식이 효과가 있다는 것은 예나 지금이나 마찬가지다.

정유년은 전쟁이 개시된 후 6년째가 되는 해이다. 삼국 모두 사실상 지칠 대로 지친 때가 된 것이다. 도요토미는 자신의 본성인 오사카성을 난공불락의 성으로 축조하고 이시다 미쓰나리石田三成를 주축으로 하는 심복들을 활용하여 자신은 물론이고 어린 아들인 히데요리가 향후 일본을 통치하는 데 지장이 없도록 만반의 준비를 갖추고 싶었을 것이다. 긴 전쟁의 결과물이라고 하는 전리품을 이번에도 확실하게 챙겨 과감하게 나누어 줌으로써 충성심을 확보하는 그의 통치 스타일을 신하들에게 다시 보여 주고 싶었을 것이다. 적어도 조선 8도 중 2도 내지 4도 정도는 할양받아 통치하는 구상을 가졌을 것이다. 여기서 유성룡이 『징비록』에서 밝힌 도요토미의 강화 조건 일곱 가지를 살펴보자.[49]

첫째, (명) 황제 집안의 여자를 일본에 후비로 보낼 것이다.

둘째, 대명과 일본 간에 무역을 재개하고, 상호 관선과 상선이 왕래하게 할 것이다.

셋째, 대명과 일본 간의 화호가 변함없을 것임을 양국의 대신들로 하여금 서약하게 할 것이다.

넷째, 제시한 조건들을 받아들인다면, 조선의 역의逆意를 더 이상 추궁하지 않고 대명과 팔도를 분할하여 그중에서 네 개 도와 한양을 조선 국왕에게 주겠다.

다섯째, 조선 왕자를 인질로 일본으로 보내고, 대신 한두 명도 인질로서 왕자를 호종하게 할 것이다.

여섯째, 지난해 사로잡은 (조선) 황태자 두 명은 화친을 위해 심유경에게 맡겨 조선으로 돌려보낼 것이다.

일곱째, 조선의 국왕은 만세토록 이 서약을 위반하지 않겠다는 서약서를 작성할 것이다.

명나라 경략 송응창이 처음 제시한 강화 조건은 일본을 조공 체제로 흡수하여 제후국의 지위를 인정해 주고 조공과 책봉을 허락해 준다는 것이었다. 명나라에 조공을 바치러 가는 제후국은 황제에게 바치는 물품보다 황제로부터 받는 물품이 훨씬 많았을 뿐만 아니라 개시開市를 통한 무역 활동도 가능했기 때문에 제후국의 조공은 의무보다는 권리에 가까웠다.[50] 그런데 정유재란 전에 명과 일본이 각각 내세운 강화 조건을 보면 그 간격이 너무 크다. 일본으로서는 일본과 명이 동등한 상태 내지 일본 우위의 상태에서 양국 외교 관계를 맺어야 한다는 것이 강화 조건이고, 명으로서는 일본이 명의 제후국으로 외교 관계를 맺어야 한다는 것이니 양측은 출발점부터 너무 달랐다. 그럼에도 불구하고 명과 일본의 강화 협상이 진전된 것은 무엇보다도 양국의 실세들 상당수가 전쟁의 종료를 고대하고 있었기 때문일 것이다. 명으로서는 대규모의 구원병을 조선에 파견하여 전쟁을 계속하기에는 병력 동원이나 재정 면에서 이미 바닥을 드러내고 있었다. 일본의 장수들 중에도 상당수는 전쟁을 계속하는 것이 실익이 별로 없다고 판단했다고 봐야 한다. 동일 맥락에서, 경략 송응창은 히데요시의 일곱 가지 강화 조건을 명 조정에 제대로 보고하지 않고 일본이 책봉과 조공만 원한다고 거짓 보고하고, 고니시 유키나가는 심유경과 모의하여 가짜로 만들어진 일본의 항복 문서를 명 황제에게 보낸다. 결과적으로 이런 거짓 강화 협상은 파국으로 귀결되는데, 문제는 왜 이런 일들이 벌어졌을까 하는 것이다. 몇 가지 점은 분명하다. 우선, 조선은 강화 협상에서 사실 별로 발언권이 없었다는 것이다. 둘째, 명은 어쨌든 전쟁을 계속할 상황에 있지 않았다는 것이다. 셋째, 심유경과 고니시 유키나가는 도요토미의 강화안이 조선과 명에 받아들여질 가능성이 없다고 봤다는 것이다. 넷째, 고니시 유키나가는 도요토미가 명의 강화안을 받아들일 가능성 역시 없다고 봤다는 것이다.

고니시 유키나가가 심유경 등과 협의하여 거짓 항복문서와 강화안의 작성을 진행한 것은 아마 도요토미의 나이나 건강 등이 고려되었을 수 있다. 정유재란이 발발한 이듬해인 무술년(1598) 8월에 도요토미가 노환으로 병사한 것을 보면 그 전해나 그 전전해의 경우 도요토미의 건강 상태가 그렇게 썩 좋지 않았을 것이다. 더욱이 당시에는 외교 사절이 왔다 갔다 하는 데 통상 1~2년씩 걸린 것 등을 감안하면 불확실한 상태에서는 시간을 끄는 것 역시 유효한 협상 방안일 수 있다. 어쨌든 거짓 항복문서와 거짓 강화 협상안에 따라 도요토미 히데요시에 대한 명의 책봉 사절단이 1595년 1월 베이징을 출발한다. 그리고 그다음 해인 1596년 9월 1일 책봉 사절단이 오사카성에서 도요토미를 접견하고 임명장과 금인, 관복을 전달한다. 이때 도요토미는 임명장에 자신이 내건 강화 조건에 대한 언급이 없자 자신이 무시당했다고 생각해 격노하게 된다.[51] 이렇게 명과 일 간의 강화 협상은 결렬되었고, 정유년(1597) 1월 가토 기요마사 부대가 다시 다대포에 상륙하고 정유재란이 발발한다. 이순신에게는 정유년이 혹독한 시련의 해다. 그는 정유년 초에 왕명 거역 죄로 파직되고 옥고를 겪다 백의종군하게 된다. 그러다 원균이 이끌던 조선 수군이 7월 16일 칠천량에서 대패한 뒤 8월 3일 삼도수군통제사에 복직한다. 그리고 9월 16일 명량 해전에서 전선 13척으로 왜선 133척을 물리치는 기적 같은 전공을 세운다. 하지만 10월 14일 셋째 아들 면葂의 전사 소식을 듣게 된다. 이순신 장군의 비통함은 그의 『난중일기』에 잘 나와 있다.[52]

전쟁의 양상이 급변한 계기는 무엇보다 도요토미 히데요시의 죽음이다. 조선에서의 전쟁을 끝내라는 그의 유언도 있었지만, 무술년(1598) 8월 도요토미가 노환으로 사망하자 일본군은 서둘러 철수 작전을 펼치게 된다. 도요토미에게 복속되었지만 아직 대부분의 일본 장군들과 병사들은 그들 나름의 영주를 가지고 있었고 일본 국내의 사정 역시 그리 간단치 않았다. 도요토미는 개인의 비범한 카리스마를 통해 일본을 통일한 것이다.

따라서 도요토미가 사라진 일본에는 누가 다음의 통치자가 될지 어느 누구도 예단하기 어려운 시기가 도래했던 것이다. 즉 한시라도 빨리 조선에서의 노획물을 최대한 챙겨 안전하게 일본으로 돌아가는 것이 일본군 장군들과 병사들의 공통된 소망이었을 것이다. 후퇴하는 병사들에게는 후미의 안전 확보가 관건이다. 잘못하다가는 추격병으로 인해 몰살당할 수가 있기 때문이다. 부산에서 대마도까지는 직선거리로 약 50km에 불과하다. 맑은 날은 부산 청사포에서 대마도가 흐릿하게 보인다. 하지만 부산과 인근 항으로 집결한 일본군이 본국으로 돌아가는 여정은 그렇게 녹록지 않았을 수 있다. 조선 수군과 명 수군이 귀환하는 일본군을 공격하기 위하여 대기하고 있었을 수 있기 때문이다.

칠천량 해전에서의 조선 수군의 대패로 조선 수군의 역량은 완전히 바닥으로 떨어지게 된다. 칠천량 해전 당시 원균 휘하의 조선 수군의 전력은 전선이 134척, 병력이 1만 3,200명 정도였다. 그 병력은 영호남의 공사 노비와 산성에 있던 5,000여 병력을 합한 것이었기 때문에 전투 능력은 그렇게 높지 않았다. 그런데 이순신을 대신하여 수군통제사를 맡은 원균에게 왜군의 주둔지인 안골포와 가덕도를 공격해 부산 앞바다를 장악하라는 명령이 체찰사와 도원수로부터 내려진다. 이순신이 수군통제사를 맡고 있던 시기에 원균은 이순신이 지나치게 소극적이라 적을 제대로 공략하지 않고 있다고 맹비난했는데 막상 자신이 수군통제사의 책임을 맡고 보니 상황이 여의치 않음을 깨닫고 망설인다. 그런데 원균이 머뭇거리자 설상가상으로 도원수 권율은 원균을 소환해 곤장을 친다. 자존심에 큰 상처를 받은 원균은 울분을 못 이겨, 뚜렷한 방안도 없이 칠천량으로 전군을 이끌고 진격하게 되고 전선과 군병의 9할 이상을 상실하는 참패 속에서 자신도 전사한다. 일본 수군은 멀리서 온 조선 수군을 지치게 하고 보급을 차단하며 오히려 지형지물과 조류의 특성을 이용하여 조선 수군을 궁지에 몰아넣는 데 성공한다. 이어서 조선 수군의 퇴각 경로를 예측한 일본군은 매복과 포위 작전 등으로 칠천량 바다에서 어항 속에 꾀인 피라미 잡듯 조선 수군을 농락하게 된다.[53] 이는 오나라 주유와 황개의 고육지계에 따른 화공계에 의해 조조의 수십만 대군이 적벽의 깊은 강물 속으로 사라진 것과 어쩌면 본질적으로는 똑같은 것이다. 유성룡의 『징비록』에 의미심장한 기술이 있다. 정유년(1597) 7월 칠천량 해전 전, 고니시 유키나가의 지시를 받은 요시라가 경상 좌도 병마절도사 김응서에게 거짓으로 "아무 날에 왜의 함대가 추가로 도착할 것이니 조선군은 그때를 기다려 공격하는 것이 좋겠습니다."라고 전한다.[54] 이에 도원수 권율이 그 말을 믿고 원균에게 진격을 재촉한 것으로 되어 있다. 고니시 유키나가는 이순신을 제거하다시피 했고, 이어 조선 수군을 궤멸할 마지막 '그물'을 펼친 것이다. 조선 수군은 상대의 전략 전술에 완전히 놀아나게 된다. 지형지물을 이용하고, 상대를 지치게 하는 지연 작전을 펼치며, 척후선을 이용한 기습과 기만 전술에 능숙한 명장이었던 이순신의 전투 방식을 이번에는 일본군이 조선 수군을 향해 펼친 것이다.

칠천량 해전에서 대승한 일본군은 쾌재를 불렀음에 틀림없다. 조선 수군을 재기불능 상태로 몰아넣었다고 생각하고 마음 놓고 전라도 쪽으로 밀고 들어갔을 것이다. 그러나 역사의 아이러니인지 이 결과는 이순신을 다시 조선 수군의 책임자로 소환하는 계기가 된다. 칠천량 해전에서 후퇴했던 배설의 함대 12척이 전투를 할 수 있는 상태로 남아 있어 이순신은 이 배들을 이끌고 전투 준비를 하게 된다.[55] 서해를 침범하기 위해 200여 척의 배를 이끌고 가던 왜장 마다시는 정유년 9월 16일 명량에서 이순신과 맞닥뜨리게 된다. 당시 전선 13척밖에 동원할 수 없었던 이순신은 막강한 일본 군세에 질려서 뒷걸음질하는 아군의 전선들을 맨 앞에서 이끌며 분전한다. 정말 천우신조인지 작전이 주효했던지 적장 마다시가 탄 배를 격침시키고 바다에 빠져 있던 마다시를 갈고리로 걸어 올려 참수해서 배에 높이 건다. 지형적인 조건, 조수가 바뀌는 시간적인 조건, 그간의 명성 등이 절묘하게 합해져 이순신은 명량에서 기적적인 승리를 일군다. 아마 이것은 유성룡도 언급했듯이 '하늘의 뜻'이라고밖에는 설명할 수 없는 사건이다.

리더로서 이순신의 장점은 위기 속에서 더욱 빛을 발한다. 명량대첩 후 조선 수군의 명성은 다시 높아졌고 군의 사기 역시 높아졌을 것이다. 그런데 문제는 당시 고금도에 진을 둔 이순신이 동원할 수 있는 병력이 8,000명 정도였는데 군량미가 부족했던 것이다. 가장 짧은 시간에 군량을 자체 조달하기 위해 이순신은 해로통행첩 발급이라는 아이디어를 생각해 낸다. 해로통행첩 없이 운항하는 모든 배들을 간첩선으로 간주한다고 포고하고 배의 크기에 따라 곡식을 바치게 해서 열흘 만에 군량미 1만여 석을 조달하게 된다.[56] 명 수군 도독 진린陳璘은 무술년(1598) 6월에 전라도에 도착한다. 진린은 사나운 성격 탓에 사람들과 자주 부딪쳐 사람들이 그를 두려워하였다. 심지어 진린의 병사들 역시 현지의 지방 수령을 욕하고 때렸다. 사실 화합하기 힘든 성품의 소유자가 진린이었는데 이순신은 진린 역시 포용하고 화합하는 모습을 보여 준다. 이순신은 자字가 '너가 화합하라'는 뜻의 여해汝諧였는데 그 자대로 실천한다. 그는 진린이 5천 군사와 전라도로 내려온다는 소식을 접하고 매우 많은 사슴, 돼지, 해산물 등을 마련하고 술을 준비하여 진린과 군사들을 대대적으로 환영한다. 무술년(1598) 7월 24일 자 『난중일기』에 의하면, 복병장 녹도만호 송여종이 전선 점검 순찰 중 절이도에서 적의 전선 6척을 포획하고 적군 머리 69급을 베는 전공을 세운다. 이때 명군은 바람 등으로 인해 출전하지 않았는데 조선 수군만 공을 가로챘다고 진린이 격분하자 이순신은 절이도 해전의 승리 전공을 모두 진린에게 돌려주겠다고 달래서 갈등을 푼다. 심지어 동년 9월 23일 자 『난중일기』에는, 진린이 연합 작전에서 조선 수군의 협조와 기여 부족 등에 대해 화를 내자 이순신 장군이 조선군 대장, 만호, 첨사 등에게 곤장을 7~15대씩 치며 진린과의 갈등을 방지하기 위해 노력한 내용이 나온다. 이런 노력 덕에 진린은 외출 시에 이순신과 가마를 나란히 하며 앞서가지 않고 이순신을 존중하는 태도를 보인다. 진린은 성격상 문제가 없었던 것은 아니지만 이순신과 함께 열심히 싸워 임진왜란에서 그 나름대로 큰 기여를 했던 것으로 보인다. 『난중일기』에 의하면, 이순신 장군은 임진왜란 초기 군량의 안정적 공급을 위해서 둔전을 개발하고 물고기를 잡아 양식과 교환한다. 전시에 구하기 힘든 철을 모아 큰 가마솥을 만들어 바닷물을 이용한 소금을 생산한다. 물고기든 소금이든 거래를 통해 양곡을 조달하는 비즈니스 마인드를 보여 준다. 심지어 임진왜란이 발발한 지 2년 남짓 된 갑오년(1594) 6월의 『난중일기』에는 무밭을 갈아 무씨를 2되 5홉 심었다는 기록도 있다. 이순신은 도망병이나 병기 관리 등에 소홀한 병사 그리고 백성들의 개나 말을 잡아먹은 병사들에게는 추상과 같은 엄격함을 보였지만, 동시에 가까운 사람들에게는 아낌없는 정을 베푸는 그런 사람이었다. 을미년(1595) 9월 14일 자 『난중일기』를 보면, 충청수사 선거이와 이별할 때의 아쉬움을 다음의 시로 남기고 있다. 이순신은 한편으로 낭만적인 사람이었다.

북방에 갔을 때 함께 힘써 일했고　　北去同勤苦
남방에 와서는 생사를 함께하네　　南來共死生
한잔 술 오늘 밤 달빛 아래 나누지만　　一杯今夜月
내일은 이별의 슬픈 정만 가득하리　　明日別離情

이순신의 리더십은 정말 생각할수록 놀랍다. 글로벌 경쟁 사회에서 글로벌 리더들의 성공적 리더십 ABC를 한꺼번에 보는 것 같다. 이순신은 힘의 열세를 극복하기 위해서 상황 변수(지형지물, 조수의 변화 등)의 적극적인 활용, 집단 회의 방식에 의한 새로운 아이디어 도입(거북선 건조, 둔전 설치, 해로통행첩 발급, 학익진 전개 등)을 통한 자체 역량 강화, 집단 일체성 강화 노력(진중에 무과 설치, 엄정한 군기 확립, 적극적 전공 포상, 리더의 솔선수범 등)을 통한 집단 신뢰형 사기 진작 등을 일궈 냈다. 7년간의 전란 중 한 번도 패전하지 않은 그의 전과는 그의 위기 관리 리더십을 빼놓고는 설명할 수가 없다.[57] 이순신은 전쟁이 발발한 다음 해인 계사년(1593) 12월에 장계를 올려 진중에 무과를 설치한다. 인재 선발에 공정성과 신중성을 보여 줌으로써 장졸들의 신뢰를 얻게 된다. 더욱이 그는 일상적으로 집단 회의 방식을 도입하여 여러 장수들과 군무 및 전쟁 관련 토론을 즐겼다. 한산도에 있을 때에는 운주당을 건립하여 장군들과 논의하며, 비록 하급 군인이라 하더라도 전쟁과 군무 관련 도움이 될 수 있는 방안을 제시하도록 격려한다.[58] 이런 과정을 통해 작전 내용을 결정함으로써 실효성과 일체성이 강한 작전 수행을 펼칠 수 있게 된 것이다.[59]

고니시 유키나가는 여러모로 흥미로운 인물이다. 세례를 받은 가톨릭 교도이고 상인 출신에서 다이묘(영주)로 출세한 특이한 인물이다. 상인 시절에는 약종상으로 약재를 사고파는 일을 주로 해, 평소 그와 사이가 나빴던 가토 기요마사는 그를 약장수라고 불렀다고 한다. 임진왜란 당시 선봉장으로 활약했는데 당시 나이가 34세로 젊었다. 고니시 부대는 임진년 4월 14일 부산에 상륙한 후 파죽지세로 한양과 평양으로 나아간다. 하지만 예상외로 강한 조선 수군의 역량과 명군의 적극적인 참전 그리고 각처 조선 의병의 궐기 등으로 전쟁의 승패가 불투명해지자 고니시는 강화 회의에 집중한다. 그의 비즈니스 마인드와 탄력적 사고가 빛을 발하는 것은 역시 조선 수군의 격멸을 위한 방안을 모색하고 도출하는 과정에서다. 그는 흡사 적벽대전의 주유의 계책처럼 이중 삼중의 그물을 이순신과 조선 수군에 던지고 사실상 성공한다. 다양한 상황에서도 기민한 대처를 위해서 미리 조선군 유력자와의 소통 채널을 만들어 두고 적시에 활용한다. 그의 통역관이었던 요시라를 이중간첩 형태의 역할을 부여하여 조선군 내부에 심어 둔 것은 탁월한 선택이었음이 분명하다. 일본군 내부의 분위기를 전하면서 동시에 조선군과 조정의 상황을 탐지할 수 있는 길을 열어 놓은 것이다. 상인이면서 한문에 능했던 고니시는 다양한 중국 서적을 탐독할 수 있었을 것이고, 교역을 통한 이익에 다른 다이묘들보다 일찍 눈을 떴을 것이다. 평소 고니시 유키나가와 가토 기요마사가 사이가 나쁘다는 것을 알고 있던 조선군 실세들은 고니시가 펼친 그물에 훨씬 쉽게 걸려들었을 것이다. 그리고 고니시 유키나가가 심유경과 함께 거짓 강화안이라도 성사시키고자 노력한 것은 결과적으로 조선에 도움이 된 듯하다. 어쨌든 충돌 없이 일본군이 한양으로부터 철수했고 가토 기요마사에게 포로로 잡혔던 조선의 왕자들도 무사 귀환하며 선조도 한양으로 돌아와 전열을 재정비하게 되었기 때문이다.

운명의 날은 무술년(1598) 11월 18일과 19일이다. 8월에 도요토미가 노환으로 죽자 조선의 동남쪽 해안가에 성을 쌓고 지키던 일본군은 서둘러 철수를 시작한다. 10월에 명 제독 유정이 대군을 이끌고 순천 예교에 성을 쌓고 지키던 고니시 유키나가 군을 공격하지만 실패한다. 얼마 후 다시 성을 공격하는데 이때는 수륙 합동 작전으로 바다 쪽에서 이순신과 진린의 수군이 합세한다. 이에 고니시 유키나가는 인근 사천에 있던 왜장 시마즈 요시히로에게 구원을 요청하고 시마즈 군이 구원군으로 오게 된다. 이순신은 구원군을 선공하기 위하여 노량 앞바다로 나아간다. 여기에 진린의 수군도 합세하여 조선, 명, 일본 수군들 간에 건곤일척의 승부가 노량해협에서 벌어진다. 이순신과 진린의 수군은 시마즈 군의 전선 200여 척을 격파하지만 이 전투에서 이순신은 가슴을 관통한 총탄으로 인해 서거한다. 당시 이순신의 수군의 병력은 8,000명이었고 전선의 수는 최소 80여 척에 이르렀다고 한다. 명량 해전 이후 변산에서 선조의 특명으로 밤낮으로 병선을 제조했던 것이다.[60]

역사에는 '만약'이 없다고 한다. 하지만 지난 일을 경계하고 미래를 대비하기 위해서는 '만약 이랬다면 어떻게 되었을까?'의 논의가 의미 없다고 할 수 없다. 선조와 권율 그리고 김응서 등이 합리적 의심의 과정을 통해서 적의 계략을 눈치챌 수 있었다면 어떻게 되었을까 하는 것이다. 고니시 유키나가와 가토 기요마사가 개인적으로 사이가 나빴고 가토가 협상보다는 전쟁에 훨씬 적극적이었다 하더라도, 도요토미의 핵심 선봉 장군들이 서로 상대를 적의 함정에 빠뜨리는 것은 그 정보가 완전 비밀로 남을 수 있는 것이 아니면 실행되기 어렵다. 임진왜란 개전은 본질적으로 도요토미의 결정이고, 조선 조정의 대신들과 장군들이 그 기밀 정보가 고니시로부터 나왔다는 것을 다 아는데, 그것이 영원히 비밀로 지켜질 것이라고 생각하는 것은 코미디에 가깝다. 조선 조정이 아는 정보는 명 조정과 장군들도 다 알 수밖에 없는데 그것이 완전한 기밀 정보가 될 수는 없는 것이다. 적벽대전에서 주유와 황개가 고육지계로 조조를 속이고 황개가 조조 편으로 투항하겠다는 이야기보다 훨씬 설득력이 약하다. 적의 계략을 간파하고 오히려 역이용했으면 원균의 칠천량 해전 패전 당시의 조선 수군의 전력인 전선 134척과 수군 병력 1만 3,200명이 고스란히 남았을 것이다. 역전의 장수인 전라우수사 이억기와 충청수사 최호 등도 모두 살아남아 있었을 것이다. 변산에서 만들고 있었던 전선들이 보충되고 조선 수군 병력도 2만 명 이상이 되었다면 일본군에는 진짜 지옥이 기다리고 있었을 것이다. 이듬해인 무술년(1598) 8월에 도요토미가 노환으로 사망하게 되고 일본군은 무조건 철수 외에는 대안이 없었기 때문이다. 도요토미의 죽음으로 지휘 체계가 흔들리는 상태에서 급하게 일본군이 철수를 서둘렀다면 그 결과가 어떻게 되었을까? 더욱이 돌아가는 유일한 길인 바닷길에는 불퇴전의 조선 수군과 함께 만만치 않은 명 수군이 대기하고 있었다면 그 결과는 자명하다. 일본군 내부에는 극도의 혼란과 함께 필시 각자도생 형태의 분열이 빚어졌을 것이다. 살을 에는 추위로 인해 러시아에서 패퇴한 나폴레옹의 대군이나 히틀러의 군대처럼, 일본군의 절반 내지 적어도 3분의 1 정도는 일본 땅을 밟지 못했을 것이다. 많은 일본군사들이 항복했을 것이고 전후 일본과의 포로 교환이나 강화 협상에서 조선이 우위를 점할 수 있었을 것이다. 그랬다면 7년간의 긴 지옥의 전쟁, 임진왜란의 사실상의 승자는 조선이 되는 것이었다.

조선이 전쟁의 승자가 되었으면 우리가 게임판 위의 말이 아니라 게임을 주도하는 플레이어가 될 수 있다는 인식이 조선의 조정과 백성 모두에게 심어졌을 것이다. 문무의 고른 발전이 국가 경영에 필수적이라는 인식 또한 사회 지도층에게 각인되었을 것이다. 닫힌 사고에서 열린 사고로 나아가는 분명한 기점이 될 수 있었을 것이다. 성리학이 많은 장점을 가지고 있지만 그것이 유일한 가치로 사회를 지배하게 되면 그 국가는 동적 사고를 소홀히 하게 되고 궁극적으로 쇠퇴하여 망하게 된다는 엄중한 교훈 또한 얻게 되었을 것이다. 그랬다면 약 300년 후 조선이 허망하게 망하는 또 다른 비극을 되풀이하지 않았을 것이다.

블랙
커뮤니티

어린아이들과 여성들이 마음대로 길을 걷지 못한다고 생각해 보자.
호젓한 동네 분위기가 한순간에 음산한 블랙 커뮤니티로 바뀌는 것이다.
굳이 범죄 발생 예방 차원에서만 논의된 것은 아니지만,
레이 올든버그는 일상의 삶을 떠받치는 공간으로서 '제3의 장소'에 주목한다.

미국 사회에서 강간 문제를 현실감 있게 그린 문제작으로 영화 〈피고인The Accused〉이 꼽힌다. 〈양들의 침묵The Silence of The Lambs〉에서 FBI 수습요원 클라리스 스탈링으로 열연해 제64회 아카데미 여우주연상을 거머쥐었던 조디 포스터와, 〈탑건Top Gun〉에서 톰 크루즈와 호흡을 맞췄던 켈리 맥길리스가 주연을 맡아 〈피고인〉의 흥행을 이끌었다. 밑바닥 삶이지만 곧 검붉은 장미가 터질 것 같은 매혹적인 모습의 사라(조디 포스터 분)는 어느 날 동네 바에서 3명의 근육질 남자들에게 집단 성폭행을 당한다. 춤도 추고 잘생긴 남자도 만날 수 있지 않을까 하는 기대에 잔뜩 들떴던 사라는 어처구니없게 많은 사람이 있던 바의 구석 당구대 위에서 윤간을 당한다. 캐서린(켈리 맥길리스 분)은 그 사건의 담당 검사로 사라의 피해 사실을 듣고 현장 조사를 벌여 두 명의 강간범을 현행범으로 체포한다. 그런데 막상 수사 과정에서 사라가 술에 취한 상태로 선정적으로 상대를 유혹했을 뿐만 아니라 당시 마약까지 소지하고 있었던 사실이 드러난다. 그리고 사건 현장에서 일하고 있던 웨이트리스 등 그 누구도 수사관에게 강간 행위 자체에 대해서는 제대로 보지 못했다고 증언한다. 그러자 사건의 내용 자체가 강간 사건에서 단순 폭행 사건으로 넘어간다.

이 사태에 분노한 사라는 끝까지 싸우겠다고 외치지만, 담당 검사인 캐서린은 흔한 길거리 스토리로 여겨 냉담하게 대한다. 그런데 사건을 한 꺼풀 한 꺼풀 벗겨 가는 과정에서 캐서린은 점차 사라에 대해 자신이 편견을 가졌던 것이 아닐까 되돌아보게 된다. 떠올리기 힘든 사태에 대한 사라의 분노와 공포 그리고 수치심에 대해 한 여성으로서 공감하게 된 것이다. 당시 직접 강간한 당사자가 아니면서도 그 광경을 무슨 풋볼 게임처럼 박수를 치며 선동했던 손님들과 그렇지 않은 사람들이 함께 있었다는 것을 캐서린이 포착하게 되면서 사건 해결의 실마리가 어렴풋이 드러나게 된다. 어떻게 목격자의 증언을 확보해야 할지를 알게 된 캐서린은 결국 직·간접 강간범들 모두를 법정에 세우고 그에 합당한 유죄 평결을 이끌어 낸다. 벌써 한 세대 전인 1988년에 개봉한 영화지만, 삶의 중요한 갈등 구조와 사회라는 그릇 속의 내용물들이 얼마나 복잡하게 얽혀 있는지를 잘 그렸다. 〈피고인〉은 건강한 사회가 되기 위해서는 갈등 사안 자체보다 그 사안을 어떻게 인지하고 장애요인을 어떻게 극복해 나가야 하는지 그리고 그 노력이 얼마나 힘겨운지 등을 우회적으로 암시한 사회적 의미가 짙게 깔린 그런 멋진 영화였다. 조디 포스터는 이 영화로 이듬해 아카데미 여우주연상을 받게 된다.

〈피고인〉의 인기 덕분인지, 몇 년 뒤 〈델마와 루이스Thelma &

Louise〉가 속편 아닌 속편으로 개봉된다. 매력적인 여성, 건달들의 강간 시도, 예기치 않은 사고, 만만치 않은 현실, 비극적인 결말이라는 흥행 방정식의 핵심 요소들을 골고루 갖춘 멋진 영화가 〈델마와 루이스〉였다. 가부장적인 남편을 둔 델마(지나 데이비스 분)는 식당 웨이트리스로 일하는 루이스(수잔 서랜든 분)와 절친이다. 일찍 결혼해서 살림만 한 델마는 세상 물정에 어두운 평범한 가정주부다. 루이스는 독신이고 개방적인 성향에 독립심이 강한 여성이라 델마의 처신이 여러모로 못마땅하고 안타깝다. 둘은 서로 많이 다르지만 요철같이 예상외로 잘 맞다. 둘은 반복적인 일상에서 일탈하고 싶은 욕구로 짧은 주말 여행 계획을 세운다. 하지만 마음 약한 델마는 남편에게 주말 여행 계획을 말하지 못한 채 몰래 떠나게 된다. 여행 도중 델마는 잠깐 들른 낯선 술집에서 할렌이라는 건달을 만난다. 할렌은 델마의 풍염한 가슴과 엉덩이에 자꾸 눈이 가게 되고 그녀에게 술을 먹이고 기회를 포착하려고 한다. 그러다 뜻대로 되지 않자 취한 그녀를 주차장에서 때리고 강간을 시도한다. 바로 이때 총을 든 루이스가 델마를 구해 준다. 그 과정에서 정말 우발적으로 루이스가 할렌을 총으로 쏴 죽이게 된다. 이제 주말 여행은 갑자기 살인자들의 도피 여행으로 바뀐다. 둘은 도망자 신세가 되어 유일한 피난처로 생각되는 멕시코로 방향을 잡는다. 그런데 멕시코로 가는 길에 매력적인 카우보이 제이디(브래

드 피트 분)를 만나게 되고 둘의 계획은 완전히 꼬여 버린다. 자유인지 절망인지 이제 둘의 행로는 완전히 벼랑 끝으로 몰린다. 아카데미 각본상을 수상할 만큼 탄탄한 스토리의 〈델마와 루이스〉는 관객들을 영화 속에 풍덩 빠뜨린다.

약간씩은 서로 알 수도 있는 동네 술집과 같은 준공공 장소에서 젊은 여자가 강간당하는 장면, 특히 윤간 장면은 생각만 해도 끔찍하다. 어느 누구도 강간 사건을 대수롭지 않게 생각하지는 않을 것이다. 그런데 어떻게 많은 사람이 함께 있는 바 같은 공간에서 강간 사건이 발생할 수 있었던 것일까. 왜 주변에 있던 사람들 누구도 그 상황을 중간에 막아 주지 않았던 것일까. 왜 그 순간에 경찰에 신고하는 사람이 아무도 없었던 것일까. 사건이 발생한 후 바로 수사 기관에서 현장 조사를 하고 목격자를 찾는 과정에서 그 누구도 강간 현장을 제대로 보았다고 말하는 사람이 없었다. 왜 몇몇 사람들은 강간 사건이 벌어지고 있는 현장에서 범죄 행위를 말릴 생각은커녕 오히려 박수를 치고 흥을 돋우며 강간을 더 부추긴 걸까. 터질 것 같은 매력적인 여인의 모습에 잠깐 욕구를 품는 상태는 인간의 본능적 차원의 욕구로 이해할 수 없는 것은 아니다. 그런데 거의 대부분의 사람들은 그 욕망을 도덕적인 규범이나 현실적인 여러 제약들로 인해 욕구 상태로 끝내고 행동으로 드러내지 않는다.

그런데 현실에서 그런 욕구를 제어하지 못하고 행동으로 표출하는 사람들이 소수라도 존재하고 있다는 사실이 인간 사회의 불편한 진실이다. 그런데 우리는 여기서 인간의 욕구와 제어 능력의 상실 상태를 깊이 있게 논의하려는 것은 아니다. 그리고 사회적 규범과 법적 제도 등의 의의나 기능 그리고 제약점 등을 살펴보고자 하는 것은 더더욱 아니다. 아마 현장에서 말리지 못했던 사람들은 근육질' 남성들의 기세에 눌려서 그랬을 것이다. 수사 기관에 신고하거나 목격 내용을 증언하는 데 소극적이었던 사람들은 굳이 그런 문제에 얽히고 싶지 않았기 때문일 것이다. 본 논의에서 사실 초점을 두고 있는 부분은 그것이 무엇이든 옳지 않은 행동에 직면했을 때, 그 행동을 막기는 커녕 박수를 치고 환호하는 등 그런 행동을 부추기는 어떤 집단 심리가 인간의 내면에 잠재해 있다는 점이다. 그리고 분명 나쁜 행동인 줄 알면서도 소극적 차원에서 그 행동에 동조하는 우리들의 또 다른 비굴한 얼굴이 있다는 점이다. 우리 동네의 울타리를 망가뜨려 블랙 커뮤니티를 만드는 이는 어쩌면 '진짜 나쁜 놈'보다 '평범한 우리'가 될 수 있는 것이다. '나쁜 짓'을 실제 주도적으로 범하는 사람들의 숫자는 그렇게 많지 않다. 우리가 어떻게든 그 사람들을 적발하고 처벌함으로써 사회를 장기적으로 건강하게 꾸려 갈 수 있다. 그런데 특정 나쁜 행동에 대해 적극적으로 호응하든 소극적으로 동조하든 그림자 형태로 불분명하게 퍼져 있는 부정적 잠재 집단의 범위와 규모가 예상외로 사회 전체에 넓고 두텁게 퍼져 있다면 그 문제는 대처하기가 간단치 않다. 그 사회에서는 오히려 비정상이 정상이 되고 정상이 쉽게 비정상이 될 수 있기 때문이다.

〈피고인〉의 핵심 스토리는 사실 흥행을 노린 단순한 영화 각본의 그것이 아니다. 1983년 미국 매사추세츠주의 작은 항구도시 뉴베드퍼드에서 벌어졌던 집단 강간 사건의 실화를 바탕으로 만들어진 것이다. 허먼 멜빌의 장편 소설 『백경白鯨』의 배경이자 포르투갈계 이민자들이 주로 정착했던 뉴베드퍼드항 근처에 살고 있던 21살의 싱글맘 세릴 아로조의 실화 스토리다. 어느 날 밤 담배를 사기 위해 들른 바의 당구대 위에서 세릴은 6명의 남자들에게 윤간을 당한다. 문제는 당시 바에 있던 상당수의 손님들이 팀 스포츠 경기 관람처럼 겁탈 행동을 자극했다는 점이다. '진짜 사내', '발정난 뭐' 운운하며 겁탈을 망설이는 사람에게는 겁탈 행동을 부추기고, 겁탈 행동을 말리려는 사람은 위협을 했던 것이다. 더욱이 추후 수사 과정이나 재판 과정에서도 상당수 마을 사람들이 피해자의 행실을 비난하는 모습을 보여 준 것이다. 평소 행실이 문란했던 계집이 먼저 꼬리를 친 거 아니냐, 그런 곳에 가서 남자들과 이야기를 나눈다는 것 자체가 뻔할 뻔자 아니냐, 조용했던 마을이 발정난 년 하나 때문에 이게 뭐냐는 식이었던 것이다. 결국, 이 사건은 당시 미국 사회에서의 페미니즘 분위기에 편승해 작은 마을 사건에서 전국적인 관심 사항으로 부각된다.

범죄를 목격한 상황에서 몸을 사리는 외면 문화의 확산이 심상찮다. 사람이 밤거리에서 강도를 만나거나 두들겨 맞는 경우에도 못 본 척하는 행태가 현실에서 종종 빚어지고 있다. 그것이 자신도 범죄 피해자가 될 것 같아서든, 추후 보복 걱정에서든, 경찰 수사 과정에 불려 다닐 고충에 대한 염려에서든, 그 현장을 외면하고 싶은 욕구가 공공연히 표출되고 있다. 더욱이, 생활 속의 잡다한 문제를 풀어 줄 수도 있는 비공식적 공공 생활 영역인 동네 술집에서 강간 사건이 발생한 것은 그냥 넘어갈 수 있는 사안이 아니다. 우선, 동네 술집이 이미 '동네 술집'이 아닌 것이다. 이는 동네 거리든 마트든 식당이든 어디든지 이미 안전지대가 아닐 수 있다는 의미이기도 하다. 문제는 우리가 항상 범죄 발생을 걱정하면서 일상적 삶을 영위할 수 있겠느냐와 모든 거리와 주변 시설에 경찰을 배치하는 것이 가능하겠냐 하는 것이다. 어린아이들과 여성들이 마음대로 길을 걷지 못한다고 생각해 보자. 호젓한 동네 분위기가 한순간에 음산한 블랙 커뮤니티로 바뀌는 것이다. 굳이 범죄 발생 예방 차원에서만 논의된 것은 아니지만, 레이 올든버그는 일상의 삶을 떠받치는 공간으로서 '제3의 장소'에 주목한다. 그는 생활 영역에서의 어울림의 장소를 우리가 너무 소홀하게 생각해 온 것은 아닌지 그리고 그런 공간을 복원하면 우리의 삶의 질이 어떤 식으로 나아질 수 있는지를 설득력 있게 제시한다.

집을 제1의 장소라 할 때 일터가 제2의 장소가 된다. 여기서 동네 카페, 미용실, 서점, 술집 등 비공식적 공공 활동의 영역을 제3의 장소로 명명할 수 있다. 올든버그는 『제3의 장소』의 연구에서 우선 집들이 모여 있다고 해서 저절로 공동체가 형성되는 것이 아님에 주목한다. 이웃 간의 교류는커녕 이웃을 보기조차 힘들고 이웃이 누구인지도 모른다면 그런 곳을 공동체로 볼 수 있느냐다. 철학자 한병철의 지적처럼, 좋은 삶이란 성공적인 공동의 삶을 포괄하는 개념이다. 그런데 일터와 집만을 왔다 갔다 하는 삶은 지루하고 고립될 수밖에 없다. 더욱이 물질적인 것에 사로잡힌 현대 도시적 삶은 공동체의 삶을 황폐화할 뿐만 아니라 개인의 삶을 파편화하고 있다. 여러 가지 문제를 미연에 예방할 수 있는 길들이 다양한 형태로 존재하고 있는데도 우리가 그 길을 애써 피해 안 되는 길로만 가고 있는 것이 아닌가 하는 것이 올든버그의 논점이다. 현대 도시적 삶에서 제3의 장소에서의 비공식적 공공 생활이 상실되게 되면, 그 속의 개인들은 정서적 불안과 불만을 잉태해 자신들의 동네를 스스로 살고 싶지 않은 동네로 만들게 된다는 것이다. 궁극적으로 모두가 숨이 막히는 감옥 같은 생활 공간으로 알게 모르게 스멀스멀 걸어 들어가고 있는 것은 아닌지 그는 묻는다. 그는 미국 사람들이 본의 아니게 자신들의 일상 생활권을 가정과 일터만으로 국한해, 그 외의 영역이 비집고 들어올 틈을 없앤 것이 실수라고 본다. 그런 가운데 사람들은 역설적으로 '자연인의 삶'처럼 모든 것을 버리고 탈출하고 싶은 욕망에 깊은 산속이나 계곡으로 캠핑을 가기도 하지만 그것만으로는 충분치 않다. 비공식적 교류가 메말라 가면서 삶은 점점 더 개인주의적으로 바뀌고 사회적 연결성이 충족되지 않은 중산층의 삶은 홈 엔터테인먼트 산업을 번성시키는 외길로만 나아감을 올든버그는 우려한다.

디지털 삶 속에서 광고는 양질의 삶이란 돈을 주고 각자 살 수 있는 것이라고 끊임없이 사람들을 유혹한다. 그 과정에서 우리는 가족이나 일터 그리고 수동적인 소비로부터 획득하는 것 말고는 타인과 경험을 공유할 수 있는 기회를 사실상 상실하게 되고 소외감만 잔뜩 쌓아 가게 된다. 집안에서 편안함과 즐거움을 추구하는 과정에서 우린 원하든 원치 않든 고독감, 지루함, 가격표로 가득한 라이프 스타일에 빠지게 된다. 올든버그는 이 문제에 대한 해결책은 가정, 직장, 지역 공동체의 균형 잡힌 삶에 있다고 본다. 이 삼자가 균형을 이룰 때 비로소 삶의 질적 수준이 실질적으로 높아질 수 있다는 것이다. 비공식적 공공 생활을 통해 동네 사람들이 어울려 즐길 수 있으면 일터와 가정에 소홀하게 되는 것이 아니라 오히려 제 역할을 회복할 수 있음을 강조한다. 타인과 교류하지 않는 자유가 아니라 타인과 교류하는 자유를 누림으로써 지나친 소비주의에 빠지는 것도 예방할 수 있다. 휴식이나 여가를 위한 시설과 수단이 사적 소유와 소비 대상이 아니라 공적 소유와 소비 대상이 되어 오히려 생활비도 절약할 수 있다. 타인과 교류하고자 하는 인간의 본원적 욕망을 충족시킴으로써 스트레스 탈출이나 경감도 할 수 있다. 비공식적 공공 생활의 장이 일종의 중립지대로, 무한 경쟁 속에서 잠시 숨돌릴 수 있는 쉼터가 되고 권태로운 삶으로부터의 피난처가 되는 것이다. 그리고 무엇보다도 단순히 술이나 커피를 즐기기보다는 사람들과 이야기를 하기 위해 동네 술집과 카페 등 제3의 장소를 찾는 사람이 많아지면 자연스럽게 동네의 안전이 확보되는 것이다. 올든버그가 강조하는, 독일계 미국인의 라거비어 가든과 같이 아내나 자녀, 연인을 대동하여 즐기는, 즉 가정과 유흥을 실질적으로 결합할 수 있는 경우를 생각해 보자.[61] 그렇게 되면, 최저 비용으로 여가를 충분히 즐길 수 있을 뿐만 아니라 동네 술집에서 성폭행 등 범죄 행위가 발생할 가능성이 사실상 사라지게 된다.

사회의 핵심 구성 변수들이 그대로 있어도 사회 주변부에서 무질서가 용인되면 사회 전체가 병들게 되는 것이다. 유흥분위기를 망치는 불량배나 바가지 요금 등이 애초에 발을 붙일 수 없는 상황을 만들어 가는 것이 비공식 교류의 장의 핵심이다. 그와 같은 비공식 교류의 장에서 따뜻한 친절, 호의, 편안함 등을 뜻하는 독일어 '게뮈틀리히카이트Gemütlichkeit'가 발현될지 여부는 사람들이 얼마나 편하고 쉽게 그런 장소를 찾고 이용할 수 있느냐에 달려 있다.

2018년 tvN에서 16부작으로 방영했던 인기 드라마 〈나의 아저씨〉에는 동네 술집 '정희네'가 있다. '정희네'는 올든버그가 강조한 제3의 장소의 장점이 그대로 녹아 있다. 대부분 서로 알고 있는 친구들이 일터에서 집으로 돌아가기 전에 잠깐 들르는 장소가 정희네다. 정희네에 가면 굳이 친구를 대동하지 않고도 친구를 만날 수 있다. 아무런 사전 약속이나 계획 없이 들를 수 있는 작은 생활 공간이자 쉴 수 있는 곳, 친구도 만나고 작은 부탁도 어렵지 않게 꺼낼 수 있는 곳, 자신을 치장하거나 감출 필요가 없는 곳, 동네에 이사 온 신참을 자연스럽게 조우할 수 있는 곳이 그 공간이다. 더욱이, 그 공간은 소박해서 가벼운 주머니 사정에 딱 맞다. 심지어 일자리까지 소개받는 기회도 될 수 있고, 동네 문제에 함께 대처할 수 있는 본부가 되기도 한다. '대화 없는 가정이 문제없는 가정'이라는 우스갯소리가 있듯이 집에서는 사회적 욕구를 충족하기가 쉽지 않다. 거의 무한 경쟁으로 치닫고 있는 일터에서 마음 편한 대화를 나누기가 쉽지 않은 것 또한 현실이다. 여기서 올든버그는 제3의 장소의 기능으로 주민 통합, 동화同化, 분류, 본부, 세대 간 교류, 재미, 정치적 토론 등 지적 토론, 사무실, 사회 안전망, 결사의 습관, 통제·절제된 즐거움의 기능들을 제시하고 있는데, 거의 대부분 정희네에서 가능하다. 젊은 남자나 여자가 젊은 여자나 남자를 만나 춤도 추고 술도 마시며 놀고 싶은 욕구가 있는 것은 너무나 당연하다. 그와 같은 행위가 자연스럽고 안전하게 이루어질 수 있도록 만들어 가는 것은 우리 모두의 공동 책임이다.

근대 사회학의 아버지라 불리는 에밀 뒤르켐은 오래전에 아노미anomie 상태의 위험성을 경고했다. 뒤르켐은 기술 발전과 풍요 그리고 자유는 삶의 여정에서 오히려 일종의 무질서의 빈 공간을 형성할 수 있음을 우려했다. 아노미는 신의 뜻이나 법의 무시를 뜻하는 그리스어 '아노미아anomia'에서 유래한 것으로, 사회 구성원의 행동을 규제하는 공통 가치나 도덕규범이 상실되고 그것들을 대체할 새로운 가치와 규범이 아직 정립되지 못한 혼돈 상태를 뜻한다. 뒤르켐은 인간은 삶의 환경이 너무 빨리 변화하면 일종의 적응 과정으로 삶의 목적을 상실하고 의기소침한 상태로 빠질 수 있음을 우려했다. 사람은 태생적으로 다른 사람들과 함께 살아갈 수밖에 없고, 그러자면 집단 공통의 가치와 규범은 삶의 필수적인 틀이 될 수밖에 없다. 그런데 만약 자의든 타의든 그 공통 가치와 규범으로부터 일탈하게 되면, 사람은 극단적으로 이기적이고 욕망에 충실한 인간형으로 바뀔 수 있음을 그는 우려했다. 자유는 많은 경우 외로움으로 귀결되고, 외로움은 과식, 나쁜 식습관, 약물과 알코올 남용, 폭식, 자살과 연관이 높다는 것이 부인할 수 없는 사실이기 때문이다.[62] 동일 맥락에서, 심리학자 배리 슈워츠는 현대 문화가 자유와 선택을 너무 강조하다 보니 우리 각자에게서 소속감이나 연대감 등 공동체의 이점을 간과하게 하는 것이 아닌가 우려한다. 개인적인 선택성이 늘어난 것이 다 좋은 것이 아니라는 것이다. 그는 비슷한 사람들끼리 자연스럽게 교류함으로써 함께 가꾸어 나갈 수 있는 것들이 많이 있는데 이에 대한 집단적 무지가 형성된 것이 아닌가 하는 것이다. 뒤르켐의 지적처럼, 개인적 차원에서 선택지가 늘어난 것이 '자유와 풍요의 길'이 아니라 '우울과 불안의 길'로의 초대장이 되고 있다는 것이다. 가장 풍요롭고 가장 안전한 삶을 만들어 왔다고 생각했는데, 역설적으로 우리는 가장 낭비적이고 가장 불안한 사회를 형성해 온 것이 아닌가 하는 것이다.

자본주의 사회의 도시적 삶에 대한 성찰로서 루이스 워스의 도시성 연구가 유명하다. 시카고 학파의 일원인 워스는 「생활 양식으로서의 도시성」이라는 논문에서 왜 사람들은 도시에서 살고자 하는지, 도시적 생활 양식은 어떤 것인지를 밝히고자 했다. 그는 도시성urbanism을 '도시의 독특한 생활 양식을 구성하는 집합적인 속성들'로 규정했다. 그는 도시 활동의 빠른 템포, 엄청나게 많은 사람들과의 빈번한 접촉은 자극 폭격 형태로 개별 도시민들의 신경 자극을 증대할 수밖에 없다고 보았다. 그런데 그 속의 인간은 그런 심한 자극을 수용하기 어렵기 때문에 자신을 그 환경에 적응시키고자 노력하게 된다고 보았다. 그 결과, 도시민들은 감성보다는 이성으로 반응하며 개인 간의 관계를 포함하여 특정한 행위의 비용과 보상을 계산하게 된다고 보았다. 도시민들은 신경 계통의 과잉 자극으로부터 자신을 보호하기 위해서 향락적인 태도를 가지며 비인간화된다는 것이다.[63] 즉흥적 쾌락과 비인간화의 흐름에서, 최근 디지털 생태계의 형성과 확산 추세가 그 흐름을 더욱더 강화시키고 있는 것으로 보인다. 21세기의 도시인들이 디지털 문화 속의 디지털화 흐름에 휩쓸려 가고 있는 것은 아닌가 하는 것이다. 디지털 알고리즘 형태로 편향된 정보가 끊임없이 생성되고 쏟아지고 있다. 이와 같은 격랑 속에서 자신을 지켜 가기 위해서는 디지털 흐름과의 적정한 경계를 설정하는 것이 요구된다. 아무런 의미 없는 정보의 흐름 속에서 중독되거나 익사하지 않고 자신을 지켜 갈 차단 장치가 필요한 것이다. 그런데 그것은 온라인 속에서 가능한 것은 아니다. 일상의 삶의 현장에서 자신과 비슷한 사람들이 무엇을 원하고 고민하는지 어떤 식으로 그 문제들을 풀어 가는지를 살펴봄으로써 자연스럽게 얻게 되는 지혜다. 자신의 가상 안전망 속에 스스로를 겹겹으로 가둔 삶은 유리병 속에서 말라가는 꽃처럼 바래고 조각조각 갈라져 떨어질 수밖에 없다.

우리 사회가 개인주의적인 사회로 이행하고 있는 것은 틀림없다. 개인주의적인 사회로의 이행이 불가피한 추세이고 돌이킬 수 없다면, 그 개인주의적인 사회에서 각자 행복감을 느끼고 살 수 있도록 해 주면 된다. 그런데 그 행복감이 사회적 연계성과 별개로 존재하지 않는다는 것을 생생한 예를 통해 지금껏 살펴보았다. 물론, 개인주의적인 사회에서의 행복감이 사회적 연계성에만 달려 있는 것은 아니다. 개인주의적인 사회란 각자의 취향, 선호, 선택 등이 일상적 삶에서 중요하게 받아들여지는 사회이다. 개인의 선택과 결정에 대한 집단이나 사회 그리고 국가의 지배력이 낮은 사회가 개인주의적 사회다. 따라서 개인의 의지와 행동에 대한 침해나 간섭으로 보일 수 있는 다양한 공적 규제에 대해 사회적 수용성이 낮다. 뿐만 아니라,

권력 여부나 권력 친소성에 따른 차별에 대해서도 거부감이 높다. 따라서 일상적 생활 공간 속에서 중립적인 사회적 연계성을 강조하는 제3의 장소의 기능적 특성이 여기서 빛을 발할 수 있다. 제3의 장소 형태의 중립적 공간을 창출하고 활성화하면 사람들 간의 경직된 경계성을 완화할 수 있고, 사회적 수평화에 기여하며, 깊은 우애의 분위기를 키워 갈 수 있기 때문이다. 개인주의적인 사회에서 철 지난 관습이나 규범 등으로 사람의 본성이나 행위를 속박하는 시도는 제대로 작동하지 않을 것이다. 사람 간의 수평적인 대화나 취미 활동이 핵심인 비공식적인 공공 활동 형태에서 자연스럽게 빚어지는 호혜성, 신뢰성, 시민의식 등이 현대 도시 생활에서의 안정적인 행복감 충족에 필수적인 요소들이다. 이런 관계에서 형성되는 공동체성 내지 공동체 의식은 로버트 퍼트넘의 지적처럼 개인의 발전과 자유의 신장에 핵심 요인이 될 수 있다. 개인주의적인 사회라고 해서 개인만으로 안정적인 행복감을 누릴 수는 없다.

우리가 진정으로 지향하는 것이 건강하고 행복한 삶이라면 지금부터라도 우린 우리 동네의 구멍난 울타리를 함께 손을 봐서 그린 커뮤니티로 나아갈 필요가 있다. 다만, 사회적 차원의 좋은 '테루아르terroir'는 어느 날 갑자기 만들어지는 것은 아닐 것이다. '이건희 와인'으로 유명했던 안티노리Antinori의 회장 알

비에라 안티노리는 한 언론 인터뷰에서 좋은 포도를 얻으려면 적합한 토양의 땅을 구매해서 포도나무를 심어야 하며 수령이 최소 10년은 넘어야 한다고 했다. 그리고 세계적 명품 와인의 포도나무는 수령이 최소 30년이 넘는다는 점을 강조한 적이 있다. 포도의 향미조차 그런데, 삶의 향미를 제대로 느끼려면 우리가 무엇을 해야 할까. 우선 우리 동네 울타리가 손상된 곳은 없는지 모두가 관심을 갖고 지켜보는 것에서 시작해 갈 뿐, 다른 길이 없다.

에릭 블레어의
통찰

일반 국민이 이중사고에 조종되고,
집단 간 분노와 증오 형태로 내부 문제를 간과하며,
비판적 사고력을 상실하게 되면
빅 브라더는 언제든 나타날 수 있다는 것이 오웰의 통찰이다.
조직화할 수 있는 깨어 있는 건강한 시민사회를 우리가 상실했을 때
우리의 삶이 디스토피아로 갈 수밖에 없는 것이다.

이스라엘 모사드가 아르헨티나에서 비밀리에 체포해 온 아돌프 아이히만은 이스라엘 법정에 '인간 도살자'의 혐의로 서게 된다. 무고한 600만 명의 유대인을 가스실 등에서 학살한 홀로코스트의 최종 실무 책임자에 대한 1961년 4월 11일의 이 재판은 당연히 전 세계적인 이목을 끌게 된다. 이 현장을 관찰한 『뉴요커』 잡지 기자 한나 아렌트는 '악의 평범성'이란 용어를 사용하여 악인의 모습이나 악인의 존재가 기이하거나 희귀한 무엇이 아닐 수 있음을 지적한다. 사실 '악마의 화신'으로 TV에 비친 아돌프 아이히만은 정작 너무나도 평범한 노인의 모습이었다. 자신은 명령대로 실행했을 뿐 죄가 없다는 그의 답변에 사람들은 경악한다. 악마의 모습을 상상한 참관자들의 눈에 비친 한 인간이 우리 주변에서 흔히 볼 수 있는 평범한 노인의 얼굴을 하고 있고 잘못을 뉘우치는 모습과는 너무 거리가 멀다는 사실에 오히려 사람들은 불편함을 느낀다. 우리의 모습 또는 우리 이웃들의 모습과는 다른 사람이 재판정에 서 있을 법한데 그렇지 않다는 사실과 수개월 간의 재판 과정에서 단 한 번도 자신의 범행을 뉘우치는 모습을 보이지 않는 그의 모습에 TV 시청자들이 오히려 당황한다. 이 세기의 재판 현장을 대륙의 다른 편에서 항공편으로 배송된 녹화 테이프 형태로 TV를 시청하던 한 사람이 바로 스탠리 밀그램이다. 당시 예일대 교수였던 밀그램은 아이히만 같은 사람을 미국 사회에서도 특정 상황에서는 찾을 수 있을 것인지를 밝혀 보고자 했다. 밀그램의 동료 교수였던 제롬 브루너가 적절하게 지적했듯이, 밀그램은 "외견상 평범한 사실을 분명하게 밝히는 일을 즐겨 했을 뿐 아니라, 친숙한 것을 다시 낯설게 만드는 능력"을 가지고 있었다. 밀그램은 시적인 재능으로 사회 현상에서 우리가 간과하기 쉬운 인간의 상태를 과학적으로 분석해서 현실 문제에 대해 사람들을 각성시키는 데 분명한 재능을 보여 준다. 그는 실제 미국의 보통 사람들도 특정 상황에서는 우리가 흔히 악행이라고 부르는 것을 버젓이 행할 수 있는 존재라는 사실을 밝히고, 그 실험 결과를 『권위에 대한 복종』이란 다소 딱딱한 책으로 1974년 발표한다. 밀그램의 예일대 실험 결론은 섬뜩하다. 나치 치하의 잔혹 행동을 일삼았던 무리의 사람들을 미국에서도 찾고자 한다면 소도시 마을 어디서든 쉽게 찾거나 구할 수 있을 것이라는 것이다. 인간은 권위가 있는 실체에게 어떤 행동의 옳고 그름에 대한 판단을 위임하고 자신은 쉽게 대리자적 역할에 몰입하게 된다. 집단 학살 현장에서 소극적인 동조 형태를 보이는 사람들이나 외면하는 사람들 역시 그 구체적인 원인이 무엇이든 자신의 역할을 대리자 내지 방관자 상태에 둠으로써 옳지 않은 행동을 조장하고 확산시키는 데 기여한다는 것이다.

스탠리 밀그램은 하버드대를 졸업한 유대인이다. 그는 예일대에서 '밀그램 프로젝트'로 알려진 전기 충격 실험을 진행했다. 실험 대상인 교사 역할의 피실험자에게 '처벌이 학습 능력에 미치는 영향'을 분석하는 것이 이 실험의 목적이라고 거짓으로 이야기해 준다. 실제 실험의 목적은 처벌을 지시받은 피험자가 자신과 아무 관계도 없는 타인(학습자)에게 어느 정도까지 전기 충격을 가할 수 있는지를 파악하기 위한 것이었다. 피험자는 중간에 실험을 중단하는 것이 불가능하지 않았다. 그런데 중간중간 망설이기는 했지만, 피험자의 65%는 가장 높은 처벌 수준인 450볼트의 전기 충격을 학습자에게 가했다. 물론 실험 과정 중 옆방에서 전기 충격으로 인한 고통을 호소했던 학습자는 사전에 짜고 실험에 가담한 연기자로, 실제 전기 충격을 받지는 않았다. 실험 결과가 함의하는 것은 신념에 따라 도둑질이나 살인, 폭력을 혐오하는 사람조차도 권위가 있는 사람으로부터 명령을 받으면 그러한 행동을 보다 쉽게 할 수 있다는 것이다. 복종의 핵심은 탈개인화deindividuation 과정에 의해 특정 개인이 자신을 다른 개인의 소망을 실현하는 도구로 생각함으로써 자신의 행동을 더 이상 책임지려 하지 않게 된다는 것이다.[64] 휴머니스트들은 개인과 권위가 충돌할 때 개인의 도덕적 판단이 권위에 우선해야 한다고 생각하고 개인의 양심이 그 상황에서 가장 중요하다고 생각한다. 그런데 이 실험의 결과는 평범한 사람들이 양심보다는 권위의 명령에 너무나 기꺼이 자발적으로 따른다는 것이다. 한나 아렌트의 '악의 평범성'이 우리가 생각하는 것보다 더 사실적일 수 있는 것이다. 개인의 도덕의식은 우리가 믿는 사회적 통념보다 그 영향력이 훨씬 약했다. 복종적인 피실험자는 자신의 행동에 책임감을 느끼지 않았고 자신을 외부 권위자의 대리인으로 생각했다.[65]

프랜시스 후쿠야마는 1990년대 초중반에 두 권의 흥미로운 책을 출간했다. 『역사의 종말』에서 그는 자유 민주주의 사회로의 흐름은 역사의 대세라, 그 누구도 도도히 흐르는 평등 사회로의 이행 흐름을 막거나 되돌릴 수 없을 것으로 예견했다. 냉전 이후 동유럽과 소련의 사회주의·공산주의 체제의 붕괴를 예리하게 주시한 후, 그는 자본주의와 사회주의의 경쟁은 자본주의의 승리, 민주주의와 권위주의와의 경쟁은 민주주의의 승리로 끝나, 자유 민주주의에 대한 대항 이데올로기는 소멸되었고 소멸될 수밖에 없다고 생각했다. 그래서 사회주의나 권위주의가 자유 민주주의 앞에 굴복한 이 시점이 바로 '역사의 종말' 시점이라고 결론지었다. 물론 역사의 종말이 실제로 역사가 끝났다는 것은 아니고, 기존과는 다른 시각에서 인간과 세계를 이해해야 하고 내다보아야 한다는 논리다. 그는 이데올로기의 시대가 끝나고, 유일하게 살아남은 자유 민주주의 시장 경제 체제가 제대로 작동하기 위해서는 규범, 관습, 네트워크 등에 토대한 신뢰가 사회 발전과 삶의 질적 수준 개선에 핵심임을 강조하는 저서 『트러스트』를 1995년에 출간하여 큰 반향을 불러일으켰다. 후쿠야마는 모르긴 몰라도 자신의 통찰 결과와 독자들의 엄청난 반응에 놀라고 쾌재를 불렀을 것이다.

후쿠야마의 예측처럼, 이데올로기 경쟁에서 정말 자유 민주주의 시장 경제 체제가 유일하게 살아남았고 앞으로도 지속될 수 있는 것일까? 20세기 인류 역사를 폭력과 피로 물들였던 권위적 전체주의 흐름은 다시 살아날 수 없는 것일까? 지금의 인간은 한 세기 전의 인간들에 비해 현명해져서 다시 그와 같은 흐름을 불러들이지 않는다고 확신해도 되는 걸까? 대략 한 세기 전의 독일, 소련, 이탈리아 등에서의 사람들보다 지금 사람들은 더 현명한 걸까? 아니면 현대의 법과 제도들이 과거에 비해 더 완벽해서 그와 같은 흐름에 확실한 방어막이 되어 줄 수 있는 걸까? 현대의 정보통신망과 관련 기술은 사람과 사람 사이의 의사소통을 왜곡 없이 보다 보편적으로 확장하는 데 실제로 기여하고 있는 것일까? 그렇지 않다는 것 그리고 그렇지 않을 수 있다는 것이 여기서의 논의 쟁점이다. 우리는 흔히 가장 강한 사람은 '양심적인 사람'이라 이야기하고 그 얘기를 상당 부분 믿는다. 그런데 사람들은 정말 그런지에는 분명한 대답을 해 줄 수 있는 사람이 아무도 없다. 사람들은 개인의 자유

의지와 권위가 충돌하면 자유의지가 권위에 우선할 것으로 믿는데, 밀그램의 실험 결과는 오히려 그 반대다. 개인의 도덕적 판단 내지 양심에 근거한 자유의지가 등불처럼 우리를 항상 인도할 것이라는 생각은 순진한 착각이라는 것이다. 더욱이, 밀그램의 실험 결과는 우리들 중 다수가 도덕적 명령을 한쪽으로 밀어 버리고 권위의 명령에 자발적으로 복종한다는 것이다. 도덕성의 목소리가 울리지 않는다는 것이 아니라, 도덕성의 목소리가 울려도 보통 사람들의 다수는 대개 권위에 복종하는 형태로 반응한다는 것이다. 물론 복종과 동조는 다른 개념이다. 복종obedience은 예컨대 테크노크라트의 세계에서 상사의 직무 명령을 부하 직원이 성실히 수행하는 것이고, 동조conformity는 직장 동료들의 업무 처리 방식이나 쉬는 방식 또는 커뮤니케이션 방식 등을 괜찮은 것으로 인식해서 따라 하는 것이다.[66] 우리가 알고 있는 도덕적 가치들은 우리의 인식과 판단 그리고 행동에 우리의 기존 생각보다 훨씬 영향력이 미약하다는 것이 밀그램의 실험 결론이다.[67] 평범한 사람들이 권위자의 도구 내지 대리자가 되는 순간, 그는 자신의 행동에 대한 도덕적 판단을 모두 권위자에게 위임해 버리고 자신은 책임과는 별개의 존재라고 생각하게 된다는 것이다. 특히 사안의 내용이 복잡 다양하고, 그 과정이 분절되어 있고, 이행 과정의 전문성이 높으면 높을수록, 그 행동에 관련된 개인들은 소위 '조직화된 악행'과 자신을 별개로 인식하기 쉽다. 살인은 꿈에도 생각해 본 적이 없는, 법을 준수하는 양심적인 사람이 대량 학살 범죄에 참여할 수 있다는 것이다.

객관적 사실보다 개인의 신념이나 감정이 여론 형성에 더 큰 영향을 미치는 상황을 지칭하는 용어가 '탈진실post-truth'이다. 2016년 영국 옥스퍼드 사전은 이 낱말을 '올해의 낱말'로 선정했다. 탈진실의 상황에서는 객관적 사실은 온데간데없어지고 사람들은 각자 자신이 믿고 싶은 것만 믿게 된다.[68] 히틀러 치하의 독일에서 유대인들은 '기생충'이나 '악마의 화신'으로 묘사되었고, 스탈린 치하의 소련에서 지주들은 모두 선전 포스터에서 '돼지'로 그려졌다. 보통 사람들에 기생하고 피를 빠는 탐욕스러운 존재로 그려진 유대인들은 박멸되어야 할 존재가 되고, 가난한 농부들의 땅을 욕심스럽게 차지하고 있는 돼지 부농들은 죽여 없애야 할 존재가 된다. 특정 민족이나 계층에 부정적 이미지를 각인하여 보편적 양식과 윤리를 시기심과 질투심이 대체해 버린 것이다. 그 두 경우는 모두 시기와 질투, 탐욕을 효모로 삼아 한껏 부풀려서 보통 사람들이 끔찍한 미래와 타협하도록 부추겼다.[69] 인간은 타인보다 자신이 도덕적으로 우위에 있다고 자각하면 스스로에게 도덕 면허moral licensing를 발급하는 것으로 알려져 있다. 도덕 면허를 발급받은 자신은 그렇지 못한 타인에게 비윤리적 행동을 스스럼없이 해도 된다고 인식하고 행동하게 된다. 예컨대, 자신들이 하는 행동이 사회 정의를 실현하기 위한 것이라고 믿게 되면, 그 행동에 부수되거나 관련되는 불법과 폭력은 숭고한 목적 실현에 불가피하게 따르는 비용으로 쉽게 정당화해 버린다. 사람들에게 확실한 미래를 약속하지만 실제로는 생지옥으로 가는 급행열차에 반강제로 탑승시키고는 아무런 가책이나 거리낌이 없을 수 있는 것이다. 그런데 진짜 문제는 이런 경우의 열차는 대개 타는 문은 있지만 내리는 문이 없다는 거다. 즉, 스스로 결정하는 것으로 착각해서 그 급행열차를 탈 수는 있지만, 내리고 싶을 때 내릴 수는 없는 특별한 급행열차에 바보같이 탑승하게 되는 것이다. 불편한 진실은 많은 사람들이 권위주의적 전체주의 정부에 순응하는 복종의 행태를 보인다는 거다. 중간에 다소간의 이의를 제기하는 경우가 없는 것은 아니지만 대부분 결국 권위자의 지시에 알아서 복종하는 것이 우리라는 것이 한나 아렌트의 '악의 평범성'의 교훈이고 스탠리 밀그램의 예일대 전기 충격 실험의 충격적 결과다. 밀그램은 우리가 너무나 쉽게 새로운 환경의 새로운 규칙에 적응하는 대리자적 행태를 보여준다는 점을 거듭 강조한다. 우리가 원할 때 이 열차에서 내릴 수 있는지를 미리 묻지도 않고, 열차 관리자가 타라고 했으니 저쪽 편에는 당연히 내리는 문이 있을 것으로 추정하고 탄 것이 아니냐는 것이다. '이렇게 많은 사람들이 함께 타고 가는데 설마 기관사들이 엄청난 과속 운행은 안 하겠지.'라고 미리 추정하고 행동하는 것도 마찬가지다. 대개 합리적 추론이고 분별력이 없다고 할 수도 없다. 히틀러가 권력을 완전히 틀어쥐기 바로 전 1932년 2월 2일, 독일의 유력한 유대인 신문의 한 사설도 그런 믿음을 드러냈다. "그들이 갑자기 독일 유대인들에게서 헌법이 보장하는 권리를 박탈하거나, 독일 유대인들을 게토에 가두거나, 유대인을 군중의 질투와 살인 충동에 내맡기는 일은 일어나지 않을 것이다. 그들은 이 같은 일을 벌일 수 없다." 현실에 대한 지나치게 순진한 인식이자 치명적인 실책 내지 헛된 희망을 가지고 있었던 것이다.[70]

현재 우리 사회는 엑사바이트(2의 60제곱바이트)의 데이터를 광속으로 처리하는 사회다. 그런데 데이터 처리 양과 속도가 정확한 의사소통이나 진리 탐구의 핵심은 아니다. 맥락에 따른 데이터 처리 및 통합 역량, 비판적 사고력 등이 수반되지 않으면 오히려 과거에 비해 우리는 더 많은 잘못된 결정을 내릴 수 있다. 편향 동화biased assimilation 현상이 나타나면 그 부정적 해악은 과거에 비할 수가 없다. 사실 반세기도 더 전, 조지 오웰은 『1984』에서 테크놀로지의 발전에 의해 인간이 감시·통제 사회의 제물이 되는 것을 우려했다. 진실은 은폐되고 역사는 조작될 수 있다는 것이다. 최근 넷플릭스 다큐 〈소셜 딜레마〉에는 구글, 페이스북, 트위터, 유튜브, 인스타그램 등 SNS 플랫폼 기업들의 전직 고위 임원들이 출연해서 SNS의 문제점을 적나라하게 까발린 경우가 있었다. SNS 플랫폼 기업들이 가짜 뉴스를 빠르게 퍼트려서 민주주의를 위협하고, 청소년의 경우 과몰입과 중독 증상을 유발해, 우울증에 빠지거나 심하면 자살로까지 이어진다는 것이다. 다큐 출연자들은 유튜브와 페이스북 등 SNS 플랫폼 기업들이 알고리즘 메커니즘을 활용하여 인간의 마음을 조종하고 비판적 사고 능력을 마비시킬 수 있음을 경고했다. SNS 플랫폼 기업들의 알고리즘은 AI인공지능가 이용자의 정보를 분석해서 이용자가 좋아할 만한 콘텐츠를 끊임없이 제공하는 방식, 규칙, 체계 등을 일컫는다. 이는 소위 '협업 기반 필터링'과 '콘텐츠 기반 필터링' 방식에 의해 개인 맞춤형 콘텐츠를 끊임없이 제공하여 이용자를 중독시키고 결과적으로 이용자를 독자적 사고 능력이 없는 '좀비zombie'로 만든다. 사실 "이렇게 바쁜 사회에서 이용자가 선호할 만한 정보를 골라 제공하는 것이 뭐가 나쁜가?" 하고 반박할 수 있다. 하지만 이 알고리즘은 이용자가 선호하는 정보를 단순히 추천하는 것이 아니다. 인간은 자극적인 정보에 더 강하게 지속적으로 반응한다는 것을 알고, 우리가 스마트폰 스크롤을 멈출 수 없도록 하는, 돈 버는 기술적 장치 내지 마술이 바로 SNS 플랫폼 기업들의 알고리즘이다. SNS 기업들의 알고리즘은 정확한 정보의 전달이나 확산을 위한 것이 아니라 맞춤형 정보를 이용하여 광고 대상인 고객을 보다 오래 붙잡아 두기 위한 기술적 장치에 불과하다. 특정 성향의 극단화를 부추기고 중간층을 점점 더 얇게 하는 촉매제가 바로 SNS의 알고리즘인 것이다.

현대 사회의 대중 매체는 수익률 지상주의 원리에 사로잡혀 보통 사람들의 균형 잡힌 건강한 삶에는 별로 관심이 없다. 광고 수익을 최대로 끌어올리기 위해 유명인의 추잡한 스캔들에 극도로 집중하는 경향을 보여 준다. 전체주의는 공적 생활 영역과 사적 생활 영역의 차이를 없애 개인의 자유를 박탈하고, 사회 전체를 정상 정치에서 끌어내어 음모론으로 몰아간다.[71] 음모론이 횡행할 수 있는 것은 보통 사람들의 경우 대개 자신들이 믿고 있는 것들에 대한 직접적인 정보를 갖고 있지 않고, 주로 다른 사람들이 어떻게 생각하는지에 따라 자신의 믿음을 형성해 가기 때문이다. 인공위성이 폭발하거나 9·11 테러가 발생했을 때, 그 직접적인 원인을 독자적으로 알아내거나 판단할 수 있었던 사람이 도대체 얼마나 되겠는가. 우리는 특정 사실에 분노하거나 공포감에 떨게 될 때 특정한 종류의 루머에 집중하고, 나아가 그것을 다른 사람들에게 유포시킬 가능성이 높아지는 것으로 알려져 있다.[72] 우리는 흔히 인간 본성의 어두운

면을 외면하는 경향이 있다. 대량 학살이나 집단 폭력 등의 광기나 사악함에 직면하면 이를 비정상적인 집단의 비정상적인 행동의 결과로 돌리고 싶어 한다. 선행이나 배려 등 인간의 좋은 행동을 보면 인간 본성의 발현으로 간주하면서, 증오나 악행 등 인간의 사악한 행동에 직면하면 인간 본성과는 상관없는 특정 집단이나 민족의 괴이한 특성으로 간주하는 것은 인간의 본성을 제대로 보지 않고 있는 것이다. 사실을 포기하는 것은 곧 자유를 포기하는 것과 다를 바 없다. 듣고 싶은 말과 있는 그대로의 사실이 다를 수 있음을 부정할 때, 우리는 사실 폭정에 굴복하게 되는 것이다. 현실을 부정하는 게 더 자연스럽고 편하다고 느낄 수 있다. 그러나 그 결과는 개인의 종말, 또한 개인주의에 의존하는 정치 체제의 몰락일 뿐이다.[73] 빅토르 클렘페러는 다음 네 가지 방식에 의해 진실이 소멸할 수 있다고 보았다.[74]

첫째, 날조와 거짓말을 사실인 양 제시하고, 적개심을 불러일으킨다.

둘째, 끝없는 반복 형태로 허구를 믿게 하고, 주술적 주문 형태로 과대망상을 조장한다.

셋째, 모순된 약속을 거리낌 없이 제시한다. 모든 국민의 세금 부담을 줄여 주면서 동시에 정책 지출 증가와 정부 채무 감소를 약속하는 식의 마술적 사고를 제시한다.

넷째, 선동가들은 자신만이 모든 문제를 해결할 수 있는 진정한 국민의 대변자라 장담하며 스스로를 신격화한다. 사실과 유리된 부적절한 믿음을 강요한다.

조지 오웰은 그의 고전 명저 『동물농장』, 『1984』에서 섬뜩한 전체주의 사회의 진정한 실체를 그려 낸다. 『1984』에서 '빅브라더'는 텔레스크린, 각종 도청 장치, 사상경찰 등을 통해 사람들의 일상을 세세한 부분까지 통제하고 감시한다. 거리는 물론이고 집 안에까지 설치된 텔레스크린은 한편으로 시민들의 일상 활동을 감시하는 장치로 작동하지만, 또 다른 한편으로는 왜곡된 사상을 선전하는 주요 매체가 된다. 사람들의 일상은 감시되고 사상은 통제되지만 누구도 그것이 문제가 있다거나 이상하다는 사실을 지각하지 못한다. '이중사고doublethink(현실 조작)'로 인해 사람들이 자신의 생각이 조절되고 통제되고 있다는 것을 느끼지 못하기 때문이다. 현대 사회에서의 TV 등 다양한 영상 매체, 스마트폰의 다양한 앱, 무수한 인터넷 정보 등은 인간의 사고와 사색을 저해할 수 있다. 영상 매체의 특성상 인식 주체의 소외성이 우려되고, 영상이 텍스트를 대체하면서 언어 사용의 쇠퇴나 문해력 저하 등의 결과가 초래되고 있다. 사고하는 능력이 쇠퇴하면서 타인의 생각을 이해하는 능력도 떨어지고 가짜 정보에 휘둘리는 경우 역시 더 빈번하게 일어난다. 『동물농장』과 『1984』에서 오웰은 집단 간 분열 조장과 집단 간 분노와 증오의 표출이라는 구도를 제시한다. 상대 집단에게 분노와 증오를 표출함으로써 정작 자신들이 직면한 진정한 문제가 무엇인지 냉정하게 바라보지 못하게 되고 외면하게 된다는 것이다. 그 과정에서 독재자가 선택한 표현이나 행동에 무조건 충성하게 되고 궁극적으로 내부 문제의 본질을 외면하고 자발적 노예의 길에 빠지는 끔찍한 결말을 초래하게 된다는 것이다. 카리스마적 독재자에 열광하는 일반 대중은 그 원인이 집단 간 분노이든 증오든 스스로 비판적 사고를 하지 못하고 있음을 깨닫지 못함으로써 자발적으로 통제 대상이 되는 것이다. 지그문트 바우만은 『현대성과 홀로코스트』에서 홀로코스트가 과거의 어떤 사건이 아니라 문명이 고도로 발달한 현대 사회에서 태동하였음을 강조한다. 따라서 홀로코스트는 특정 사회, 문명, 문화의 문제이며, 결과적으로 우리 시대에도 홀로코스트가 재발할 수 있는 사건이 될 수 있는 것이다. 오히려 현대의 빅 브라더는 보다 더 막강한 정보 독점력을 활용할 수 있다. 실제 일반 국민의 입장에서는 그 정보를 누가 어떻게 사용하는지가 대부분 베일에 가려 있어 그 실체를 볼 수 없다. 일반 국민이 이중사고에 조종되고, 집단 간 분노와 증오 형태로 내부 문제를 간과하며, 비판적 사고력을 상실하게 되면 빅 브라더는 언제든 나타날 수 있다는 것이 오웰의 통찰이다. 조직화할 수 있는 깨어 있는 건강한 시민사회를 우리가 상실했을 때 우리의 삶이 디스토피아로 갈 수밖에 없는 것이다.

전체주의 사회로의 길, 이것이 어떤 상황에서, 어떤 방식으로, 어떤 과정을 거쳐, 어떤 특징을 가지고 나타날 수 있는 것일까? 필자는 폭정형 전체주의 사회는 거의 예외 없이 다음 6단계 법칙을 따른다고 생각한다. 혼란과 무질서 단계, 증오와 분노의 대상 생성 단계, 의심암귀 단계, 편향 동화 단계, 집단 극단화 단계, 그리고 감시·통제 사회 단계 등이다.

제1단계: 혼란과 무질서

전체주의 사회가 등장하는 무대 뒤편에는 거의 대부분 혼란과 무질서가 있다. 전쟁, 기근, 경제 공황 등으로 기존 사회·정치적 질서가 뿌리채 흔들리면 땅속에서 잠자고 있던 전체주의 씨앗들이 대지를 뚫고 나오게 된다. 제1차 세계 대전의 흐름에 제대로 대처하지 못했던 제정 러시아의 몰락과 레닌·스탈린의 등장, 일본의 침략과 국공 내전 과정에서 중국 마오쩌둥의 부상, 제1차 세계 대전 후 인플레이션과 높은 실업률로 휘청거리던 이탈리아에서 소위 검은 셔츠단의 로마 진군으로 힘을 얻은 무솔리니의 등장, 제1차 세계 대전에서의 패배와 베르사유 강화 조약에 따른 엄청난 전쟁 배상금 지불 그리고 1929년의 대공황의 여파로 혼돈 상태에 빠진 독일에서의 히틀러의 부상 등, 거의 대부분의 경우에 혼란과 무질서는 전체주의 씨앗 발아의 기름진 토양이 된다. 물론, 혼란하고 무질서한 사회가 반드시 전체주의 사회로 나아가는 것은 아니다. 혼란과 무질서가 생성되더라도 잘 극복해서 안정적인 민주 사회로 나아갈 수도 있다. 결국, 혼란과 무질서는 전체주의 사회로의 충분조건은 아니고 필요조건이다.

세계에서 가장 이성적이고 규범적인 민족의 나라를 꼽는다면 필자는 서슴없이 독일과 일본을 떠올릴 것이다. 그런 독일에서 자칭 예술가였지만 실제로는 거의 백수나 다름없었던 히틀러가 비스마르크의 자리였던 총리가 되고 총통이 되었다는 것은 생각하기 어렵다. 어떻게 보면 만화 같은 이야기다. 그런데 제1차 세계 대전에서의 패전과 감당하기 힘든 배상금에 대한 울분, 러시아에서의 공산주의 혁명을 보고 느낀 공포, 1929년의 세계 대공황으로 인한 절망 등은 평소 이성적이던 국민들조차 비통한 현실을 벗어나게 해 줄 신적인 대상을 찾아 헤매도록 몰아붙이게 된다. 히틀러는 독일 국민들이 느끼는 울분, 공포, 절망 등을 그의 탁월한 선동적 연설로 대변함으로써 국민들에게 새로운 희망을 심어 주는 데 성공한다. 그의 단순하면서도 반복적인 연설 기법은 기존의 어떤 정치가들의 연설보다 국민을 단번에 사로잡는다. 존 케인스가 우려했던 미래가 현실이 되도록 하는 데 히틀러의 천부적인 선전 선동 능력이 빛을 발한 것이다.[75] 히틀러는 모든 것이 불확실하고 고통스러우며 좌절스러운 상황 속에서 독일 국민들이 갈망하던 바로 그것, 즉 확신에 찬 미래 비전을 간단명료하게 제시했던 것이다.

무질서한 상황에서 군중은 단순히 우리가 보통 만나는 사람들이 아닌 다른 존재가 된다. 독재자들은 직접적이든 간접적이든 군중을 동원해 자신과 집단의 탐욕을 채운다. 대부분의 군중들은 폭력의 현장에 경악하면서도 그 장소에서 빠져나오기가 어렵다. 브레이크가 고장난 차처럼 무언가를 들이받고 차체가 대부분 어그러진 후에야 폭력의 광기가 멈추게 된다. 요는 그런 폭력의 광기는 한번 시작되면 멈추기도 어렵고 당사자들만으로는 사후 수습도 거의 불가능하다. 폭력의 광기를 선동하는 선동가들은 악성 종양과 유사해서 한번 기존 질서를 파괴하고 나면, 그 세력이 약화되는 것이 아니라 그 숙주가 완전히 파괴될 때까지 더 강화되는 경향이 있다.

제2단계: 증오와 분노의 대상 생성

히틀러 집권 시기에 독일 내에서 유대인의 비중은 그렇게 높지 않았다. 1933년 기준 0.76%에 불과했다. 대공황으로 경제가 피폐해진 상태에서 이런 소수 집단이 비즈니스나 전문직 분야를 장악하고 있는 것은 뭔가 잘못된 것이 분명하다고 파울 괴벨스 등이 바람을 잡는다.[76] 그러고는 유대인들을 소위 기생충이나 악마의 화신으로 낙인찍어 일반 국민들의 시기심과 적개심을 한껏 부풀렸다. 괴벨스에게 이런 일련의 과정은 사실 쉬운 먹잇감의 사냥과 다름없었을 것이다. 아마 유대인이 없었다면 히틀러와 괴벨스는 다른 손쉬운 '공공의 적'을 골라냈을 것이다. 스탈린 치하에서의 각종 선전물은 농촌 지주들을 가난한 농부들의 땅을 빼앗아 부자가 된 탐욕스러운 돼지로 묘사했다. 따라서 이런 욕심 많은 돼지들을 모두 도살하고 그 돼지들이 차지하고 있던 땅들을 모두 몰수해서 국민들의 땅인 집단농장으로 만드는 것이 그들의 입장에서는 바로 '정의의 길'임에 분명했다.

권위주의 정부는 대개 지지 기반을 확고히 하기 위해 국민을 갈라치는 살라미 전술(얇게 썰어 먹는 이탈리아 소시지처럼 반대파를 하나씩 차례로 제거하는 방식)에 능숙한 것으로 알려져 있다. 사회 전체가 심리적 내전 상태로 이행하면 자연스럽게 의심암귀 형태의 불안정성이 조장되고 국민 전체가 두리번거리며 속삭이는 '의심 사회'가 된다. 공정성이나 사회적 신뢰가 파괴된 나라에서는 객관적 사실이 현실 속에 뿌리를 내릴 수가 없다. 그 과정에서 살아남기 위해 자기편의 이야기만 맹목적으로 믿고, 반대편의 이야기는 모두 자신을 속이기 위한 거짓말이라고 생각하게 된다.

제3단계: 의심암귀

의심암귀疑心暗鬼는 일단 의심하게 되면 없던 귀신도 생겨난다는 뜻으로, 의심으로 인한 망상 또는 선입견을 경계하는 말이다. 『열자列子』「설부說符」 편에 도끼 이야기가 있다. 어떤 사람이 도끼를 잃어버렸는데, 그러자 옆집 아이가 수상쩍게 생각되었다. 그 이후 그 아이의 걸음걸이를 봐도 그렇고, 안색을 살펴봐도 그렇고, 말투 또한 도둑질한 아이가 틀림없었다. 그런데 며칠 후 그가 밭두렁을 걷다 우연히 자신의 도끼를 발견한다. 집으로 가는 길에 그 아이를 다시 만났는데 이번에는 그 아이의 행동거지 중 수상한 구석이 하나도 없었다. 17세기 초 윌리엄 셰익스피어 희곡의 4대 비극 중 하나가 『오셀로』이다. 중세 베네치아의 무어인 용병 장군 오셀로는 간악한 이아고에게 속아 선량하고 정숙한 아내 데스데모나를 의심하다 끝내 목을 졸라 살해한다. 평소에는 유능하고 절제력 높은 대단한 사람이었지만, 열등감으로 인한 질투 감정에 함몰되었을 때 어처구니없는 행동을 하고 스스로 파멸한다. 우리 인간의 마음속 깊은 자리에 도사리고 있는 의심암귀의 실체를 극적으로 비춰 준 셰익스피어의 대표 스토리 중 하나다.

우리 머릿속의 세상은 현실의 정확한 복사판이 아니다. 사실과 논리가 아닌 증오와 분노에 휘둘려 감정이라는 꼬리가 이성이라는 몸통 자체를 흔들 수 있다. 우리가 예상하는 어떤 사건의 빈도는 우리 눈에 보이는 메시지가 얼마나 널리 퍼져 있고 얼마나 감정을 자극하는지에 따라 왜곡된다. 폴 슬로빅의 '감정 어림짐작'에 의하면, 사람들은 세상에서 일어나는 일들을 보면서 자신이 그것을 좋아하느냐 싫어하느냐에 따라 그 일을 믿을지 말지 결정한다.[77] 사람은 일어나지 않은 무수한 사건보다 일어난 눈에 띄는 몇 가지 사건에 주목하는 것으로 알려져 있다. 우리는 과거를 설명하는 조잡한 이야기를 꾸며 놓고 그것을 진짜라 믿으며 자신을 끊임없이 속이는 것이다.[78]

현대 사회에서 법과 국가 제도가 시민의 자유와 권리에 대한 보루라는 것을 부인하는 것은 아니다. 하지만 공적 권력의 사유화나 '법의 지배'의 보편타당성이 훼손되면, 그 사회는 자신보다 약한 존재가 포착되면 언제나 먹이로 삼는 불신 사회, 절망 사회로 나아가게 된다. 그 과정에서 진영 대결이 격화되면 자기편에 대한 편향 동화 현상이 강화된다.

제4단계: 편향 동화

사람들은 어떤 결론이 옳다고 믿으면 그 결론을 뒷받침한다고 보이는 주장을 비록 근거가 없다 하더라도 그것이 옳다고 믿을 확률이 높다. 그 이유가 무엇이든 자기편과 반대편으로 명확하게 진영 대결 구도가 조성되면, 반대편에 대한 불신과 함께 불안 심리에 의해 자기편에 대한 과잉 동조 내지 편향 동화 현상을 나타내게 된다.[79] 특히 피포위 의식siege mentality이 강조하고 있는 것처럼, 탈출이 여의치 않은 상황에서 상대에게 공격을 받고 있거나 공격을 받고 있다고 여기게 되면 자기편에 대한 강한 편향 동화 현상이 자연스러운 선택이자 행동이 된다. 반대편과 자기편에 대한 흑백 사고에 빠져, 반대편의 주장은 무조건 비판하고 거부한다. 자기편의 주장이나 행동은 모두 긍정적으로 해석하고 반대편의 주장이나 행동은 이중 기준을 적용하여 무조건 비판하고 거부하는 것이다. 이런 일련의 과정은 불가피하게 균형 잡힌 현실 인식 능력의 상실로 나아간다.

편향 동화 상태에서는 자신의 생각과 같은 주장은 현명하고 논리적인 것으로 받아들여 결국 자신의 입장을 더 강화시키게 된다. 자신의 입장과 반대되는 의견은 설혹 그것을 뒷받침하는 증거가 나오더라도 무시해 버린다. 증거를 증거로 받아들이지 않고 거짓 선전으로 받아들이는 것이다. '우리 집단 애착in-group love' 등으로 집단 내에서만 정보가 유통되고 기존 신념에 더욱 매달리는 집단 극단화로 나아가게 된다.[80]

제5단계: 집단 극단화

민주주의는 위협과 폭력에 대한 염려 없이 자신의 견해를 밝히고 상대의 견해를 받아들일 수 있는 것이 전제가 된다. 폭력의 위협 등으로 자유로운 의견 교환이 여의치 않은 사회는 폭력 사회이지 민주주의 사회가 아니다. 그런데 사실과 논리가 아닌 증오와 폭력으로 점철된 진영 대결이 격화하게 되면 어느 사회든 편향 동화 현상에 기인한 집단 극단화에 직면하게 된다. 편향동화에 의한 집단 극단화는 구조적으로 진영 내부 구성원들의 판단을 흐려 놓게 된다. 집단 극단화 현상 자체는 어쨌든 왜곡된 정보 교환에 의해 발생하는 것이다. 그러다 보니 그 관련자들은 거의 예외 없이 자신들이 편향적 사고에 의한 집단 극단화의 문제를 가지고 있다고 생각하지 않는 경향이 있다.[81] 증시나 부동산에서 투기 버블이나 폭락 현상이 나타나는 것은 왜곡된 정보로 인한 집단 극단화의 영향이 크다. '가격 상승→기대감 확산→가격 상승'이나 '가격 하락→불안감 확산→가격 하락' 등의 순환적 작용은 둘 다 상당 부분 편향적 사고에 기인하는 것이다. 민족 간 분쟁이나 테러리즘에서도 비슷한 메커니즘이 작용한다.

진영 대결로 인한 집단 극단화는 사회적 신뢰와 공정성을 파괴하고 폭력적 통치 형태로 귀결되기 쉽다. 사회적 규범 및 '법의 지배'의 원칙에 의해 유지되던 사회에서 '법에 의한 지배' 형태의 폭정으로 나아갈 수 있는 것이다.[82] 그 결과, 사회는 궁극적으로 철저한 감시 및 통제 사회의 그물에 갇히는 것이다.

제6단계: 감시·통제 사회

감시 사회를 좋은 사회라고 생각하는 사람이 있을까. 자신의 자유가 어떤 이유로든 억제되는 상태를 환영하는 사람이 있을까. 물론 독재자의 경우나 그 독재자를 옹호하는 이너 서클 멤버들은 그 감시 사회를 좋은 사회라고 생각할 수 있다. 적어도 불가피한 선택의 형태라고 생각할 것이다. 감시 대상이 되는 사람들의 경우는 감시 사회를 좋은 사회라고 생각하지 않을 것으로 보인다. 그런데 이것 역시 확실하지는 않다. 경제 공황, 전쟁 등으로 사회가 극도의 혼란 상태로 접어들면 에리히 프롬의 지적처럼 사람들은 안정이나 평화와 같은 또 다른 가치 추구를 위하여 자신의 자유를 내려놓고 감시 사회 속으로 자발적으로 걸어들어갈 수 있다. 바로 그 순간만 예외적인 상황인 줄 알고 진짜 자유와 가짜 안전이나 가짜 평화를 맞바꿀 수 있다. 21세기 지금, 현 한국 사회에서 누군가 '감시 사회의 공포'에 대해 이야기하면 거의 대부분의 사람들은 그냥 웃고 지나갈 것이다. 심한 경우는 마음속으로 '하늘이 무너지거나 땅이 꺼지지 않는지, 왜 걱정이 안 되나 몰라.' 하면서 이런 문제로 걱정하는 이들을 한심하게 또는 측은하게 생각할 수도 있다. 그런데 정작 우리가 '감시 사회의 굴레'에 대해 걱정하지 않고 살아도 되는지에 대한 분명한 답을 가지고 있는 사람들을 찾기는 어렵다. 당장 거의 대부분의 한국 사람들이 북한 사회가 인류사에 전무후무한 감시 사회의 전형이라는 데 이의를 제기하지 않는다. 통치 권력자의 사진이 비에 젖었다고 멀쩡한 사람들이 대성통곡을 하고 전전긍긍하는 모습에서 이해하긴 어렵지만 뭔가 이상한 것이 그곳에서 작동하고 있다는 것을 분명히 느끼기 때문이다. 히틀러 치하의 독일이나 스탈린 치하의 소련은 비밀경찰 형태의 통제로 사상이나 표현의 자유 등의 기본적 인권이 철저하게 통제되었다는 점에서 감시 사회의 전형이 분명하다. 후세인 치하의 이라크, 아민 치하의 우간다, 마두로 치하의 베네수엘라 등, 사실 독재 권력 형태의 감시 사회의 예는 끝이 없다. 우리의 덩치 큰 이웃인 현대 중국 역시 감시 사회의 한 형태로 나아갈 수 있다. 그런데 왜 현대 한국 사회에서 감시 사회의 이슈가 논의의 쟁점조차로라도 부각되고 있지 않은지, 쓸데없는 걱정에 불과한 것인지에 대해 다시 생각해 볼 필요가 있다. 정말 우리의 이런 인식이 우리 사회가 감시 사회의 우려가 전혀 없는 그런 자유 사회로 안착했기 때문인지, 또는 감시 사회의 우려가 없는 것이 아닌데 근시안적인 무지로 그 감시 사회의 도래를 우리가 간과하고 있는 것인지 등에 대한 검토가 필요하다.

감시와 통제형의 전체주의 사회를 원하는 사람들은 거의 없다. 그런데도 그와 같은 사회가 현실에서 존재하고 나타나는 것은 인간 본성의 어두운 측면, 사실과 소망을 혼동하는 인간의 내재적 한계, 그리고 인간의 광기적 속성이 발현될 수 있는 상황적 조건 등이 묘하게 결합될 수 있기 때문이다. 극도의 불안이든 공포든 특정 상황에 직면해서 절망하고 있는 사람들은 상당 부분 흡사 말기 암 환자의 행태를 보일 수 있다. 즉, 의사로부터 "치료 가망이 없습니다."라는 말을 듣는 순간, 비합리적인 기대치를 제시하는 돌팔이 의사에 빠져 죽음도 피하지 못하고 재산까지 탕진해서 가족들까지 거리에 나앉게 만들 수 있다. 경제적 곤궁에 직면해 포퓰리즘 아이디어에 빠져 경제적 고통뿐만 아니라 생명까지 내놓는 결과들을 우리는 지켜보고 있다. 자유롭고 평화스러운 삶은 대부분의 사람들이 선량한 정신과 태도를 가지고 있다는 것만으로 보장되는 것은 아니다.

조지 오웰의 본명이 에릭 블레어Eric Blair다. 그는 부친이 인도 주재 영국 공관의 공무원이라 1903년 영국 식민지였던 인도의 벵골에서 출생했다. 유년기에 영국으로 돌아와 이튼 학교에서 수학한 후 1922년부터 5년간 미얀마(버마)에서 대영 제국 경찰로 근무한다. 이때의 근무 경험을 토대로 1935년 소설 『버마 시절*Burmese Days*』을 발표한다. 이 과정에서 그는 대영 제국의 부도덕성에 눈뜨고 어릴 때부터의 꿈이었던 작가로의 길을 걷게 된다. 파리와 런던 등 유럽 대도시 생활 중 생계를 위해 접시닦이, 막노동자, 거지 등 바닥 인생의 삶을 직접 체험하게 된다. 잠시 초등학교 교사 생활을 한 적이 있었지만, 열악한 작업 환경의 광부 등 영국 노동자들의 밑바닥 인생을 깊이 들여다보면서 '사회 민주주의'를 자신의 평생 이념으로 삼게 된다.[83] 그 맥락에서 '전체주의'의 맹점을 통찰하고 『동물농장』과 『1984』를 발표한다. 『동물농장』의 대성공으로 경제적으로 안정되지만, 젊어서부터 앓아 왔던 폐결핵이 악화되어 1950년 런던의 한 병원에서 각혈한 후 47세의 아까운 나이에 사망한다.

채귀

부동산 가격 상승으로 인한 서류상의 재산 액수의 증가,
'빚'에 대한 긍정적 인식의 확대, TV 등 영상 매체의 보편화로
더 넉넉한 삶을 향유하고자 하는 풍토 등이 결합해서
'과잉 소비' 내지 '광기의 흥청거림'이 시작되는 것이다.
물론 그 파티의 양념으로 갖가지 감언이설과 유혹의 범람도 빼놓을 수 없다.

벌써 10여 년 전 영화화됐던 〈화차火車〉는 빚의 공포가 무엇인지 극적으로 보여 준다. 일본 작가 미야베 미유키의 소설이 원작으로, 문호(이선균 분)와 선영(김민희 분)이 주인공이다. 결혼 한 달 전 약혼녀를 부모님에게 인사시키고 청첩장을 드리기 위해 고향으로 내려가던 한 남자가 고속도로 휴게소에서 커피 한 잔 사 오는 사이에 약혼녀를 잃어버린다. 그녀는 휴대폰도 꺼져 있고 화장실에 떨어진 머리핀 외에는 흔적도 없다. 문호는 사라진 약혼녀를 찾기 위해 경찰서에 가 보지만 돌아오는 것은 '기다려 보라'는 답변뿐이다. 급한 마음에 문호는 뒷돈 받다 잘린 전직 강력계 형사인 사촌 형 종근(조성하 분)에게 도움을 청한다. 너무 황당한 상황에 정신없이 선영을 찾아 헤매던 문호는 그녀의 이름, 직업, 고향 등 모든 것이 가짜임을 알게 된다. 문호는 가족도 친구도 없던 선영이 실종 당일 은행 잔고를 모두 인출하고 살던 집의 지문까지 모두 지운 채 사라져 버렸다는 사실을 믿을 수가 없다. 아버지의 빚을 떠안게 된 딸이 악덕 사채업자의 매춘 강요에서 벗어나기 위해 타인의 삶을 살고 있었던 것이다. 삶의 절박함에 다른 사람의 신분을 도용해서 가짜 인생을 엮어 가고자 했던 선영은 비극적 결말을 맞이한다. 화차는 죄인을 지옥으로 데려가는 불 수레를 뜻하는데, 영화에서는 빚의 고통에 삶이 온통 어그러진 참혹한 현실을 상징한다.

사람이 먹고살기 위해서는 얼마나 일해야 할까? 남편을 의미하는 한자 부夫는 원래 사람이 밭에서 경작용 도구를 들고 일하는 모습을 형상화한 것이다. 농경 사회에서는 대부분 논밭에서 하루 종일 열심히 일해야 먹고살 수 있었다. 사람은 대략 1만 2~3천 년 전부터 정착을 하고 논밭을 일구어 삶을 꾸려왔다. 그러다 18세기 말경 시작된 산업혁명 이후, 특히 19세기 중후반경 인류는 먹고살기 위한 노동으로부터 해방될 수 있는 중요한 계기를 맞게 된다. 자료를 토대로 볼 때, 약 150년 전 미국 사회에서 아이들은 13세부터 노동을 시작해서 죽을 때까지 매년 3,000시간을 일했다. 그들은 깨어 있는 시간 중 대략 61%를 일하느라 보냈다. 그러다 70년 전쯤에서는 미국 젊은이들은 17.6세부터 일을 시작해서 죽을 때까지 깨어 있는 시간 중 45% 동안 일했다. 현재 미국인들은 20세부터 일을 시작해서 깨어 있는 시간 중 28% 동안 일한다.[84] 과학기술의 발전과 함께 인간의 노동 생산성이 높아져 대략 150년 만에 사람들의 노동 시간은 절반 이하로 뚝 떨어졌다. 그렇다면, 150년 전의 사람들에 비해 현재 사람들의 삶의 질은 적어도 평균 두 배 이상 높아져야 한다. 그런데 현재의 삶의 실상은 그렇게 단순하지 않다. 일부 계층은 상대적인 측면에서 더 나빠졌을 뿐만 아니라 절대적인 측면에서도 나아진 게 없다. 여러 사유로 생산과정에서 소외되고 배제된 사람들은 어디서도 자신을 필요로

하지 않는다는 사실에 절망한다. 한 세기 반 전의 사람들에 비해 평균적으로 삶의 질이 나아지지 않았다는 것이 아니다. 현대적 삶의 그림은 그 속에서의 편차가 너무 심하고 본의 아니게 사회에서 필요로 하지 않는 잉여 인간이 되는 사람들이 예상외로 빠르게 증가하고 있는 특성을 보여 주고 있다. 이에 대해 성장의 과실이 고루 나누어지지 못해서 그렇다는 진단도 있고, 욕구 내용의 다양화와 욕구 수준의 팽창 때문에 그렇다는 진단도 있으며 또는 인간의 능력 차이로 인한 불가피한 결과라는 진단도 있다. 이러나저러나 이런 불편한 현상이 우리에게 나타나고 있는 것은 분명하다.

세상에서 제일 무서운 귀신은 뭘까? 어릴 때 동네 이발소에서 빚쟁이 귀신, 채귀債鬼가 제일 무서운 귀신이라고 하는 어른들의 이야기를 들은 적이 있다. 시공간을 초월해서 피부로 느낄 수 있는 이야기였고 지금도 공감한다. 최근 한 유명 정치인이 어린 시절을 회고하면서 "일곱 살 때 고리대금업자가 고리채 신고를 했다고 엄마 머리채를 잡고 고향 길거리를 끌고 다니며 구타했다. 빚이 얼마나 무서운지 그때 알았다."라고 빚의 공포를 언급한 적이 있다. 고대 히브리어에서 부채에 따른 이자는 '뱀에게 물린 상처'를 뜻했다.[85] 큰 시장에 가면 거의 예외 없이 횟감을 손질해서 파는 가게가 시장 한가운데 있다. 가게 앞 대형 수족관에는 큰 물고기들이 활발하게 헤엄친다. 그런데 수족관 속의 물고기가 생기가 넘치고 팔팔하다는 것이 물고기의 입장에서 도대체 무슨 의미가 있을까. 잽싸게 헤엄치는 물고기들을 싱싱한 횟감으로 유심히 바라보는 눈들을 빼고 본다면, 수족관 속 물고기의 생명력은 사실 아무런 의미가 없다. 잘하면 며칠, 어쩌면 한 이삼십 분 후면, 싱싱하든 비실비실하든 그 물고기의 운명은 도마 위에서 날카로운 횟칼에 난도질을 당할 생선 살에 불과하다. 바다에서 잡혀 수족관에 들어가는 순간부터 그 물고기에게는 사실 아무런 선택의 여지가 없는 것이다. 우리도 살다 보면 어쩔 수 없는 순간이 있을 수 있다. 하지만 대개 불가피하지 않은 경우에도 스스로 자신의 인신의 자유를 남에게 넘기는 행위 중 으뜸은 아마 남의 돈을 쉽게 받아 쓰고 그로 인해 그 사람에게 꼼짝달싹 못하고 휘둘리는 상황에 빠지는 것일 테다.

'크레디트credit'는 라틴어 '나는 믿는다credo'에서 유래한 낱말이다. 따라서 크레디트가 양호하다는 것은 돈을 빌리려는 사람의 신용 상태가 상당히 좋다는 것이다. 그런데 그 양호한 크레디트를 미래 투자 용도가 아니라 현재의 소비를 위해 써 버리면 미래의 기회비용을 희생시켜 현재 시간을 즐기는 것이다. 개인의 행태든 사회의 문화든 감당하기 힘들 정도로 신용 차

입이 광범위하게 발생하면 시간 문제일 따름이지 곪은 상처가 터지게 되어 있다. 2008년 미국발 금융 위기가 온 근본 이유는 대부 기관들의 무분별한 탐욕에 발맞춰 밤새 탱고 춤을 췄던 개인들의 무절제한 욕망이다. "돈 더 빌려 드릴께요."라는 전화 통화에 혹해서 이미 금융 기관에 담보로 잡혀 있던 집을 담보로 돈을 더 빌려 고급 자동차와 홈 엔터테인먼트 장비 등을 마구 샀다. 일부는 좀 더 큰 집을 빌린 돈으로 덥석덥석 사는 호기를 부렸다. 그 통에 빚어진 코미디 영화 같은 결과가 2008년 금융 위기였다. 파티장에서는 누구도 깨닫지 못했지만 후불제로 납부해야 할 파티 입장료와 술값이 자신들의 호주머니 사정과는 차이가 너무 컸다. 파티 전에는 파티 참석 비용을 '나 말고 누군가가 대신 내어 주겠지.'라고 내심 모두 착각하고 있었던 것이다. 파티가 끝난 후 참석자 각자에게 예외 없이 배송된 파티 비용 청구서를 보고는 모두 경악한다. 하지만 파티 참석 비용을 후불로 납부하겠다는 계약서에 이미 서명을 했다는 것을 잠시 잊고 있었을 뿐이지, 모두 자발적으로 서명을 했다는 것은 분명하다. 흥청망청하는 생활 속에서 근검절약의 가치를 소홀히 한 대가를 개인과 사회 그리고 국가 전체적으로 톡톡히 치르게 된 것이다.[86]

돈은 빌려서도 빌려주어서도 안 된다는 말이 있지만, 존 케인스는 '절약의 역설Paradox of thrift' 논의에서, 풍요한 사회에서 개인들이 검약하게 살고 저축을 많이 할수록 사회적 차원에서 소득은 더 줄어들 것이라고 보았다. 실학자인 박제가 역시 오래전 재물은 우물과 같다고 했다. 퍼내어 쓰면 쓸수록 우물물은 더 풍성해지고 깨끗해지듯이 재물도 그러하다는 것이다. 하지만 2000여 년 전 사마천은 『화식열전』에서 "근검절약만이 부자가 되는 길"임을 강조했다. 사회는 몰라도 개인 차원에서는 근검절약을 통한 자산 형성이 빚쟁이가 되지 않고 부자가 되는 첫걸음인 것은 분명하다. 국가적 차원에서는 케인스의 지적처럼 적절한 유효 수요를 창출함으로써 승수 효과에 의해 사회적 부를 창출할 수 있는 여지가 있는 것은 맞다. 하지만 국가 역시 감당할 수 없는 정도로 차입을 하게 되면 승수 효과에 의해 부를 창출하기보다는 오히려 빚을 내서 빚을 막는 '빚쟁이 나라의 길'로 굴러떨어지게 된다. 국가 역시 개인처럼 빚을 내면 그에 따른 원금과 이자를 갚아야 하는 것은 어느 시대 어느 국가든 예외가 없기 때문이다. 더욱이 정치가들은 남의 돈으로 선심을 쓰는 데 선수다. 정치가들이 선심용으로 국가 빚을 늘려갈 때, 그 빚은 그들의 임기가 끝날 때 자동 삭제 처리되는 것이 아니다. 국가 부도 사태에 직면해서 재정 긴축을 하는 것은 말처럼 쉬운 일이 아니다. 모르긴 몰라도 국가 예산에서 줄여갈 여지가 있는 항목들은 사실 그렇게 많지 않다. 한창 진행 중인 사회기반 시설 건축비, 인건비, 국방비, 부채 이자, 공공기관 운영비, 교육비 등등 거의 손을 대기 어려운 항목들이 즐비하다. 예컨대, 그나마 감축 여지가 있을 것 같은 복지 지출 항목들을 줄여 가게 되면 어떻게 될까? 아마 이해 당사자들이 대거 거리로 뛰쳐나오게 될 것이다. 그리스나 남미의 사례에서 보듯 포퓰리즘 형태의 선심성 복지에 취한 나라들에서는 집단광기 형태의 혼돈이 사회 전체를 휩쓸게 될 것이다. 빚을 내서 빚을 막는 악순환이 사회와 국가를 지배할 때 선동가들이 등장하고 해당 사회나 국가는 파국의 길로 나아가게 된다. 빚쟁이 부모를 둔 덕에 인생 전체가 망가지고 황폐화된, 〈화차〉의 선영처럼 이런 사회나 국가에서는 탈출구가 보이지 않는다. 미래세대의 어깨 위에 채귀라는 무서운 짐을 올려놓고는 그 사실을 모르고 있거나 모르는 척하고 있는 것이다.

OECD가 2018년 6월 5일에 발표한 사회적 엘리베이터 붕괴 관련 리포트에 의하면, OECD 국가들의 경우 소득 하위 10%가 중산층이 되려면 평균 4.5세대가 걸린다. 한국의 경우는 미국이나 영국과 비슷하게 5세대가 소요된다. 이 말은 미국이나 우리나라의 가난한 집에 태어난 아이들은 평균적으로 자신의 '손자의 손자' 세대에 이르러서야 중산층에 진입할 수 있다는 거다. 우리나라의 세대 간 소득 탄력성은 0.4로, 부모 세대의 소득 차이가 40%쯤 자식 세대로 대물림되고 있다. 이와 같은 현상에는 여러 가지 원인이 있을 것이다. 근면성 등 개인별 역량 차이, 사회 제도적 문제, 인간의 본성 등이 복합적으로 영향을 미쳤을 것이다. 열심히 일하는 사회, 도전성이 충만한 사회는 사회적 활력이 높고 발전할 수밖에 없다. 하지만 열심히 일하지 않는 사회, 도전성이라고는 찾아보기 힘든 사회는 쇠퇴할 수밖에 없다는 것이 불변의 진리 중 하나다. 제도적 차원에서 성장의 과실을 인위적으로 균등하게 배분하고자 한 시도들은 인류 역사에서 한 번도 제대로 성공한 적이 없다. 인간의 심성 면에서 소득의 균등 분배는 애초에 가능하지 않은 시도이고 방향이기 때문이었을 것이다. 열심히 일하는 사람과 적극적으로 도전하는 사람들에게 높은 보상을 약속하는 제도적 시스템을 갖추지 못하면, 그 사회가 어떤 사회든 예외 없이 사람들은 열심히 일하지 않고 도전하지 않는 방향으로 나아갔다. 동시에 지속 가능한 분배 메커니즘을 장기간 무시한 사회도 궁극적으로 정치 체제가 붕괴하고 국가가 쇠퇴했음을 우리는 역사적 경험으로 안다. 근면성과 도전성 그리고 지속 가능한 분배 구조를 가진 사회로 나아갈 수는 없는 것일까.

인간은 일을 통해 돈을 벌 뿐만 아니라 정신 건강에까지 도움을 받는 것으로 알려져 있다. 우리가 성취감 있는 일을 할 때 우리 대뇌에서 도파민이나 세로토닌 같은 호르몬이 분비되어 기분이 좋아지고 활력이 증진된다. 대뇌에 젊음의 샘물을 공급하는 주요 원천이 바로 일인 것이다. 사실 우린 상당수의 은퇴자들이 은퇴하자마자 갑자기 늙어 버렸다는 이야기를 주변에서 흔히 듣는다. 일과 활력과의 긍정적 인과 관계가 과학적 사실이었던 것이다. 반면에, 성취감 있는 일과 거리가 멀어지면 멀어질수록 인간은 근로 윤리를 상실하고, 신뢰성이나 정직성을 잃어 사회적 갈등을 증폭시키고, 일확천금이나 한탕주의에 매달리는 경향이 높아지는 것으로 알려져 있다. 실직 상태에서는 공짜인데도 아무도 도서관에서 책을 빌려 보지 않았다는 연구 결과가 있다. 경기 침체나 경제 공황 등으로 인해 대규모 실업 상황이 발생하면 사회가 어떤 상황에 처할 수 있는지를 분명하게 보여 주는 결과들이다.[87]

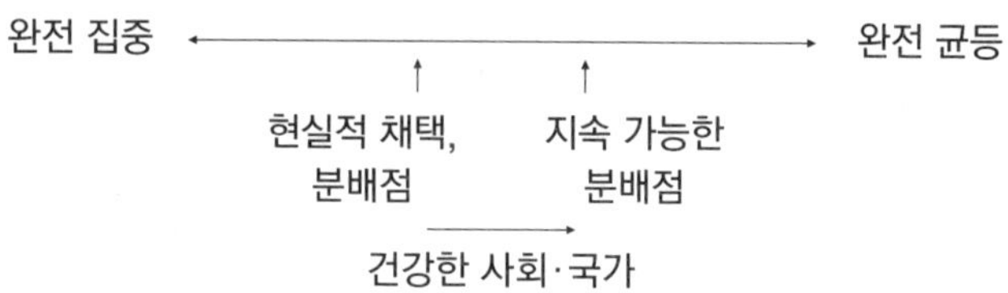

특정 사회에서 지속 가능한 소득 분배 상태가 소득의 완전한 집중화나 완전한 균등화가 아닌 것은 분명하다. 특정 사회

의 전체 소득이 한 개인에게 집중된 사회가 지속 가능한 소득 분배 상태라고 여길 개인이나 사회는 없다. 동시에, 완전한 균등화가 지속 가능한 분배점이라고 믿을 개인이나 사회 역시 없을 것이다. 개인이나 집단별 능력의 차이가 엄연히 존재하는데, 능력 수준이 높은 사람이나 집단이 소득의 동일한 분배를 장기적으로 받아들일 리가 없기 때문이다. 여기서 똑같은 소득 분배를 강요하면 능력 수준이 높은 개인 또는 집단이 '공정성의 원리' 위반이라고 반발할 것이다. 그럼에도 불구하고, 동일 소득 수준 분배를 강제하고자 한다면 강제력 동원이 불가피하다. 이렇게 되면, 그 사회에서는 분배 권력을 가진 자와 그렇지 못한 자로 분할이 나타나게 된다. 분배 권력을 가진 자들의 특권과 불공정이 또 다른 문제로 제기되고 어떻게 현실화되는지를 공산주의 국가에서 우리는 이미 보았다. 따라서 지속 가능한 소득 분배점은 소득의 완전 집중과 완전 균등 사이에 존재한다. 그리고 현실적으로 채택되고 실행되는 소득 분배점은 지속 가능한 분배점에 비해 완전 집중 쪽으로 좀 더 가까울 것으로 보인다. 왜냐하면 우리 인간의 욕망 구조와 제도적 미비점 등으로 인해 이상적 상태에 비해 소득 분배 편차가 큰 쪽으로 치우쳐 있을 것으로 예상되기 때문이다. 그리고 지속 가능한 소득 분배점의 상대적 위치는 산업 경제의 구조 변화, 대외적 환경 변화, 인간의 공감 능력 등에 따라 계속 변하게 될 것으로 보인다. 분명한 것은 현실적으로 채택되는 소득 분배점과 지속 가능한 소득 분배점과의 거리 차이를 줄여 갈수록 건강한 사회, 건강한 국가가 되는 것이다. 『21세기 자본론』에서 토마 피케티의 논쟁의 쟁점 역시 "자본 수익률이 노동 수익률보다 높은 상황이 지속되면서 불평등이 심화하고 있다."라는 것이다. '흙수저'도 열심히 노력하면 얼마든지 '은수저'나 '금수저'가 될 수 있는 사회적 계층 이동성이 높은 사회를 만들어 가야 하는데 현실이 그렇지 못하다는 것을 강조한 것이다. 그리고 그와 같은 계층 이동성이 활발한 사회일수록 건강한 사회이고 사회적 혁신성까지 높게 나타날 것임은 분명하다.

저성장의 뉴 노멀 시대에는 개인적 차원에서 돈을 많이 버는 '성공 방정식'에 집착하는 것보다 결핍에 적응하는 삶의 자세를 가지는 것이 중요하다. 삶의 표류성이 외재적 원인뿐만 아니라 내재적 원인에서 비롯될 경우, 내재적인 원인을 제어하지 못하면 겉으로 보이는 문제를 해결한다 하더라도 문제 자체가 해결되는 것은 아니기 때문이다.[88] 오히려 문제의 고통만 더 깊어지고 지속되는 경우가 많다. 팽창 사회에서는 우리가 물질적으로 추구하는 것들이 상당히 많아도 해보다 득이 되는 경우가 많았다. 하지만 팽창 사회의 종말을 앞둔 지금의 상황은 다르다. 소박한 성취, 부족한 현실에 대한 적응할 수 있는 자세가 필수적이다. 스스로 불행을 부르는 경우보다 더 어리석은 일이 있을까? 자신의 앞에 떨어진 분노와 좌절의 화살을 주워서 자신의 가슴에 찌르는 일보다 더 어리석은 일이 있을까 하는 것이다. "어때, 이만하면 괜찮은 것 맞지?" 하는 인식과 자세가 필요하다. 다른 사람의 행동을 무조건 따라 하려는 충동을 자제할 수 없으면 자신도 모르게 자신을 비참하게 만들 수 있다. 직장 동료의 아내가 아파트를 기민하게 사고팔아 부자가 되었다는 이야기, 고교 동창생 중 한 명이 이름도 잘 모르는 가상화폐와 이차전지 주식을 끌어모아 한밑천 잡았다는 풍문, 친하지 않았던 고향 후배 한 명이 '부동산 부자 되는 법'에 관한 책을 기막히게 써 10만 권을 팔았다는 소문 등에 휘둘리게 되면 실제보다 자신이 한심하게 여겨지는 것이다. 언제 마이너스 통장을 벗어날지 기약 없는 것이 대부분의 우리 삶이고 불편한 현실이다. 누구는 월급이 통장에 점만 찍고 사라지는 것이라고 푸념하지만, 어떤 이의 통장 잔고는 항상 마이너스라 점이 찍히는 표시도 가물가물할 수 있다. '노동의 상실'의 시대에 직장이라도 있는 것이 어디냐 하는 생각도 하지만 언제까지 안전하게 근무할 수 있을지 기약이 없다. 어차피 피할 수 없는 '마이너스 인생'이라면 삶을 철저하게 즐기자는 호기로운 동료가 없는 것은 아니지만 우리는 대개 막연한 불안감을 떨쳐 내기 어렵다. 그런데 월급이 변변치 못하고 마이너스 통장을 늘상 안고 가는 삶이 결코 바람직한 것은 아니지만 그 상황에서 부채를 어떻게든 해결해 갈 수 있으면 그 자체로 큰 문제는 아니다. 사실 부채 수준을 지각하고 염려하며 사는 삶은 큰 문제가 아닌 경우가 대부분이다. 진짜 문제는 부채의 위험이 분명 존재하는데 부채의 위험을 지각하지 못하고 염려하지 않는 삶을 살아가는 것이다. 자신의 어리석은 행동 그리고 자신의 위치에 대한 비뚤어진 생각 때문에 현실이 불행하다고 느끼면 그것은 현실 문제의 진정한 반영도 아니고 진실도 아니다. 사실 자신이 우주의 중심도 아니고 지구의 중심도 아니며 심지어 우리 동네의 중심도 아니지 않은가?

『절망의 죽음과 자본주의의 미래』에서 앵거스 디턴과 앤 케이스는 보통 사람들의 좌절과 절망 문제를 깊이 들여다본다. 선진국이라고 알려져 있는 미국에서 자신이 중산층이라고 생각하며 살고 있던 사람들 중 상당수가 어느 날 중년에 자신에게 아무것도 남아 있지 않다는 것을 발견할 수 있다는 것이다. 특히 저학력 저숙련 중년 백인들은 가장 풍요한 사회에서 가장 무능력한 존재로 급전직하할 수 있다는 것이다. 앵거스 디턴과 앤 케이스는 승자독식 사회에서의 소득 격차와 양극화는 경제성장 이면에서 단절을 겪고 있는 이들에게 절망 외에는 아무것도 남기지 않고 있음을 강조한다. 저숙련 근로자의 몫으로 남아 있던 괜찮은 일자리들이 기업의 해외 이전과 자동화로 인해 어느 날 갑자기 사라져 버렸다. 경제력의 상실과 함께 혼인율도 떨어져 가족 공동체로부터의 안전판도 크게 흔들리고 있다. 이들이 약물·알코올에 빠져 헤어나지 못하는 것이 오롯이 이들의 근로 윤리나 성실함 또는 자제력의 부족 때문이라고만 볼 수 있느냐 하는 것이다. 한 해에 16만 명 정도가 자살·약물·알코올로 절망사하는 미국의 현실이 과연 누구의 책임이고 미국만의 문제인가 하는 것이다. 노벨 경제학상 수상자인 앵거스 디턴은 '더 나은 자본주의'의 길을 찾아야 하고 그 길로 나아가야 함을 강조한다. 가난한 보통 사람들의 사회적 엘리베이터가 제대로 작동하도록 정비해 두는 것은 분명 사회의 책임이다.

노년 빈곤은 심각한 개인적 문제이자 사회적 문제다. 이웃 일본이나 우리나라의 경우 최근 돈 버는 65세 이상의 노인 수가 급격하게 증가하고 있다. 그 연령대도 계속 높아져, 우리나라의 경우 75세 이상 노인 고용률이 OECD 중 1위를 잘 놓치지 않는다. 우리나라는 현재 초고령 사회로의 이행 흐름과 노년 빈곤이 맞물려 나타나고 있다. 그러다 보니 최근 노년에 절대 빈곤층으로 추락하는 '실버 파산'의 조짐이 심상찮다. 실버 파산에 대해 황혼 이혼, 중병 치료비, 투자 실패 등 다양한 원인이 거론되고 있지만, 급속한 고령화에 적응하지 못하는 개인과 사회의 합작품으로 보인다. 젊었을 때부터 은퇴 후를 준비했어야 하는데, 개인은 물론이고 사회적 차원에서도 이 문제의 심각성을 제대로 지각하지 못했다. 막상 은퇴한 후에 노년 파산과 부채 문제의 심각성을 깨달았을 때는 대개 너무 늦다. 돈을 더 벌어야 하고 벌고 싶은데 '저임금 일용직'밖에 없거나 그런 일자리도 나이가 많다고 기회가 주어지지 않는다. 힘쓰는 일이 그렇게 많지 않은 아파트 경비 자리라도 구하고 싶은데, 막상 알아보면 이미 대기 줄이 만만치 않다. 현실 문제를 언제나 늦게 지각하는 자신이 한심하지만 어쩔 수가 없다.

사회적 자본 연구에서 가장 권위 있는 연구자 중 한 사람인 로버트 퍼트넘은 최근 『우리 아이들』 저술에서 사회의 가장 밑바닥에 있는 아이들의 비극적인 삶의 경험, 가슴 아픈 사연들을 추적한다. 1941년생인 퍼트넘은 자신이 대학에 들어갈 무렵인 1960년 무렵의 미국 사회는 현재와 비교했을 때 사회적 자본이 상당히 풍부한 건강한 사회였다고 한다. 그런데 그 이후 반세기 동안 미국은 '아메리칸 드림'의 신화가 훼손되고 붕괴되면서 건강하지 않은 사회로 이행하고 있다는 것이다. 누구든 노력한 만큼 성공할 수 있다는 믿음이 깨지고 있다는 것이다. 그는 기회의 나라였던 미국에서 사회·경제적 양극화와 부의 대물림 현상의 심화가 진전되고 있는 점에 주목한다. 그리고 이런 현상들이 미래의 희망이라고 할 수 있는 아이들의 뇌 발달과 정서적 성장에 미치는 부정적인 영향에 주목한다. 왜 이런 변화가 미국 사회에 몰아쳤는지, 왜 이 문제를 해결하지 않으면 안 되는지, 이런 저주받은 행로를 바꾸기 위해서는 어떻게 해야 하는지를 그는 『우리 아이들』에서 고민한다. 자신의 학창 시절인 20세기 중반에도 미국 사회에 빈부의 격차가 엄연히 존재하고 있었다. 하지만 그때는 학교 교육과 공동체의 '에어백'을 통해 그 문제들이 상당 부분 자연스럽게 완화되었다. 부잣집 아이들과 가난한 집 아이들이 같은 학교를 다니고, 서로 친구도 되고, 연애도 하던 시절과 지금은 달라도 너무 달라져 버렸다는 것이다. 부잣집에서 아이들을 학교에 보낼 때 부자 티를 내지 않도록 부모가 매일 아침 가르치는 사회와, 애초에 부잣집과 가난한 집의 아이들이 각각 다른 학교에 가는 사회는 문제 자체가 달라지기 때문이다. 오늘날의 교육은 경제 논리에 의해 분할되고 공동체 역시 파편화되고 해체되어, 더 이상 예전의 우리 동네와 우리 아이들의 모습을 어디에서도 찾기 어렵다. 사회·경제적 양극화의 추세는 부유한 가정과 가난한 가정을 주거, 생활, 교육의 모든 영역에서 점점 더 '분리'시켜 버렸다.

일상에서 각자 형편에 맞게 소비 절제를 꾸준히 실천하는 것은 쉬운 일이 아니다. 자유와 풍요로움이 넘쳐나는 세상에서 대출업자들이 끊임없이 좋은 조건에 돈 빌려 쓰라고 전화를 하고, 매력적인 조건의 신용카드 가입 권유서를 집이나 직장으로 발송하는 현실에서, 우리가 일상적 소비를 자제하는 것은 결코 쉬운 일이 아니다. 개인차가 있지만, 사람들은 단기 보상 유혹과 장기 목표 달성이라는 두 가지 선택지가 주어지면 흔히 단기 보상 유혹에 넘어간다. 현재 소비 행위가 가져다주는 즐거움은 즉각적이고 확실하다. 더욱이, 이번 한 건의 소비를 한다고 해서 자신이 다음 달 또는 내년에 신용불량자가 되거나 파산할 가능성은 거의 제로다. 식단을 한 달 전에 모두 짜야 한다면 아마 사람들은 건강식 위주로 짤 것이다. 하지만 '이번 한 번'이라 생각하니까 포화지방산 수치는 높지만 입에 당기는 패스트푸드를 선택하듯, 우리가 항상 지혜롭게 건강한 소비를 하고 있는 것은 아니다. 개별적인 소비 충동을 따로 떼어 놓고 보면 큰 문제가 되는 경우는 거의 없다. 하지만 그 개별적인 소비 충동이 반복적이고 축적되면 부정적인 효과가 예상외로 큰 것이 일상적 소비 행위다. 짠순이 경제 행위가 어떤 결과를 가져오는지 살아 본 사람들은 대개 잘 안다. 자제력은 근육과 같다. 마시멜로 테스트 결과를 보면, 사람은 날 때부터 자제력에서 차이가 있는 것으로 보인다. 하지만 자제력은 태생적인 요인에 의해 영향을 받겠지만 동시에 근육 단련과 같이 키워 갈 수 있다는 증거도 많다. 다만, 현대인의 삶은 자제력이란 너무 무거운 짐을 등에 올려놓은 상태라서 상황에 따라 자제력이 쉽게 고갈되어 버릴 수 있다. 심리학자들이나 행동경제학자들은 반복적으로 자아 고갈ego depletion 상태의 행태나 결과 관련 실험 결과들을 내놓고 있다. 자제력이 고갈된 사람들은 평소 때와 달리 성적 유혹, 다이어트, 투자 결정 등에서 형편없는 선택을 하는 경향이 있다.[89] 궁극적으로, 어느 순간에는 종이 한 장의 무게를 더함으로써 깔려 죽을 수도 있는 것이 사람이다.

왜 평범한 사람들이 자신의 상환 능력을 제대로 감안하지 않고 명품 가방과 고급 자동차를 덥석덥석 살까? 왜 자신의 월급 명세서를 제대로 들여다보지도 않고 대형 평형의 아파트를 덜컥 계약하는 걸까? 왜 근검절약의 미덕은 책에서만 살펴볼 수 있는 이야기로 생각하고 화려한 소비 행태에 몰입하는 걸까? 왜 은행에서는 신용도가 낮은 사람들의 호주머니 속에 백지수표를 찔러 넣어 주고, 상환 능력을 넘어서는 신용카드를 사람들의 손에 쥐어 주지 못해 안달하는 걸까? 왜 정부는 부동산 담보 대출의 규제 완화를 서두르고 세제 혜택을 부여하면서까지 신용카드 사용 확대를 사실상 권장하고 있는 걸까? 금융기관들이 담보 대출로든 신용카드 발급으로든 사람들에게 돈을 빌려주지 못해 안달하는 것이 그 사람들의 삶의 질적 수준

제고와는 아무런 연관 관계가 없다는 것을 우리는 머리로는 다 안다. 정부가 대출 규제 완화나 신용카드 사용 확대 등을 사실상 권장하는 것 역시 사람들의 삶의 안정성 확보나 질적 수준 제고와 별로 관계가 없는 것 같다는 것도 합리적인 의심일 수 있다. 그냥 인기 편승 정책이나 세수 확대 정책 아니었냐고 비판해도 선뜻 대응할 만한 답을 찾기 어려울 것이다. 은행으로서는 부동산 담보 대출이 안정적인 수익 전략인 것이 맞고, 신용카드 사용 확대 역시 고수익의 안정적 투자 전략임이 분명하다. 그런데 금융 기관들이 개인의 자산 증식을 도와준다는 명분하에 채무자의 상환 능력을 넘어서는 신용 대출을 확장함으로써 개인들은 가상의 소득을 실제 소득으로 착각하고 소비에 흥청거릴 수 있다. 물론 그런 판단과 선택에서 개인들의 책임이 없다거나 그들의 무절제함을 여기서 옹호하려는 것은 아니다. 사회 전체가 근검절약 풍토에서 낭비 문화에 빠져든 것은 이 모든 요인들이 복합적으로 영향을 미쳤을 것이다. 부동산 가격 상승으로 인한 서류상의 재산 액수의 증가, '빚'에 대한 긍정적 인식의 확대, TV 등 영상 매체의 보편화로 더 넉넉한 삶을 향유하고자 하는 풍토 등이 결합해서 '과잉 소비' 내지 '광기의 흥청거림'이 시작되는 것이다. 물론 그 파티의 양념으로 갖가지 감언이설과 유혹의 범람도 빼놓을 수 없다.

과거나 지금이나 사람들은 헛소문에 민감하고 흔들리는 경우가 적지 않다. 아무런 물증도 없는 소문이 날개를 단 듯이 날아다니고, 분명한 사실로 포장되는 경우도 적지 않다. 사람들은 그 나름의 사회적 상황에서 상호 의존하고 살아가고 반응한다. '광기의 흥청거림'은 사람들이 다른 사람들을 따라 하고자 하는 모방 심리에서 빚어지는 어쩔 수 없는 결과일지 모른다. 모방의 결과로 사람들은 생활 방식이나 투자 결정에서 어떤 규칙적인 패턴을 드러내게 된다.[90] 사람들은 투자 결정 등에서 대개 자신의 자유로운 판단에 따라 선택하고 행동하는 것으로 생각하겠지만, 관련 정보가 부족한 경우 '부화뇌동'하는 경향을 보여 주는 것으로 알려져 있다. 자신이 알고 있는 사람들 대부분이 부동산 시장이나 증권 시장에 뛰어들고 있다는 생각을 하게 되면 그 상황을 개인 차원에서 외면하기는 쉽지 않다. 시장 낙관론이나 비관론이 그런 흐름의 결과이다. 이는 오래전 솔로몬 애쉬의 '동조 실험conformity experiment' 결과에서 분명히 드러난다.[91, 92]

매스 미디어와 유튜브, 구글, 네이버 등 SNS 플랫폼으로부터 매 순간 정보가 폭포처럼 쏟아지고 있다. 이와 같은 정보의 홍수에 휘둘리지 않고 개인이 주체적 판단을 하는 것이 사실상 거의 불가능한 사회로 사회 전체가 이행하고 있다. 하지만 그와 같은 제반 정보의 홍수로부터 자신을 보호하며 제대로 살아가야 하는 책임이 남이 아닌 자기 자신에게 있다는 것 또한 분명하다. 우리는 여기서 어떻게 해야 하는가? 한 가지 답은, 자신을 보호할 수 있는 실체는 자신이라는 인식하에 상황에 따른 적응력이 높은 존재로 자기 자신을 만들어 가야 한다는 것이다. 난초형 아이와 민들레형 아이의 이야기가 있다. 난초형 아이는 섬세한 꽃을 피우지만 상황에 대한 대처 능력은 낮다. 반면에 민들레형 아이는 강인하고 적응력이 높아 어떤 상황에서도 잘 살아남는다. 따라서 자신의 삶에서 불확실성이 높다고 판단하면 난초형보다 민들레형으로 나아가야 되는 것이다. 몇 년 전 tvN에서 방영된 16부작 드라마 〈나의 아저씨〉가 큰 인기를 끈 적이 있다. 다양한 삶의 모습이 드라마에 투사되지만, 그중 난초형의 연약한 모습으로 민들레형의 강인한 삶을 열연한 이지안(아이유 분)이 주목받았다. 지안은 부모의 빚 때문에 사채업자 이광일(장기용 분)에게 삶의 끝자락까지 밀려간다. 하지만 봄이 오면 단단한 땅을 뚫고 나오는 민들레같이 혹독한 환경 속에서 꿋꿋하게 자신의 꽃을 피운다. 물론 그 과정에서 겨울 땅속 민들레 씨앗이 봄철에 노란 꽃을 피울 수 있도록 사회적·정신적 멘토가 되어 준 박동훈(이선균 분)의 역할이 중요했다. 믿을 만한 '나의 아저씨'인 박동훈이 드라마 속에서만 필요한 존재는 아닐 것이다.

에필로그

요즘 어른 동화와 한시漢詩에 눈길이 자주 간다. 어른 동화는 부담이 없으면서 동시에 구름 낀 나의 마음을 맑게 한다. 한시는 비교적 이해하기 쉽고, 그러다 보니 수백 년간의 시간 터널을 바로 이동해 갈 수 있다. 마치 그 순간의 시인과 내가 마주하고 있거나, 아니면 그 시인은 나를 보지 못하지만 나는 그 시인을 멀리서 바라보는 느낌이 축약된 시어로 나에게 다가온다. 『어린 왕자』는 여러 번 읽은 어른 동화다. 생텍쥐페리가 들려주는 어린 왕자와 여우의 이야기는 지금도 봄철 새순 느낌처럼 신선하다. 서로 길들여져 좋아하게 되면, 빵을 먹지 않는 여우가 친구의 머리 색을 닮은 밀밭을 근사하게 바라보고, 심지어 밀밭 위에 부는 바람조차도 이쁘게 바라본다. 관계나 인연의 이야기가 이어지면 정말 무無에서 유有가 탄생한다.

밀양중학교 1학년 때 담임 선생님이 국어 선생님이자 학교 자유교양부 담당이셨다. 봄철 학기 초, 급우들이 막 신나서 특활부를 선택할 때 선생님이 그냥 지나가는 말씀으로 “너는 자유교양부가 어떨까?” 하셨다. 뭣도 모르고, 그냥 선생님 말씀대로 해야 하는 줄 알고, 자유교양부를 특활부로 선택했다. 선생님의 은밀한 지령이 없었다면 아마 나는 과학부나 문예부를 특활부로 선택했을 것이다. 과학 기기나 실험 약품 구입이 쉽지 않았던 시기, 학교 과학실에 있는 현미경 등 여러 기기나 과학실 출입구 왼쪽 벽면 큰 유리장 속에 종이 이름표가 낱낱이 붙어 있는 갈색 약품 병들은 쉽게 나를 사로잡았다. 동물들 배 속의 내장이 어떤 모습을 하고 있고 어떻게 기능하는지 궁금했던 나는 과학부의 동물 해부 실험에 관심이 컸다. 특히, 우리 동네 논 웅덩이에 지천으로 있던 올챙이는 나에게 수수께끼 같은 존재였다. 올챙이는 두세 달 만에 성체 개구리가 되는데 그 모습이 완전히 딴판으로 바뀌었다. 그렇다는 것을 알고 있지 않으면 도저히 믿을 수 없는 결과였다. 이 신기한 현상을 밝히기 위해 나는 올챙이와 개구리를 잡아 클로로포름으로 마취한 후 배를 갈라서 그 비밀의 속을 비교해 보고 싶었다. 어느 정도의 클로로포름을 사용해야 개구리가 확실히 마취되는지, 메스로 배를 갈라도 고통을 느끼지 않는지도 실험해 보고 싶었다. 그런데 나뿐만 아니라 많은 친구들이 그 나름의 사연으로 과학부를 지원하는 통에 과학부는 지원한다고 해서 모두 들어갈 수 있는 특활부가 아니었다. 과학부가 인기 특활부라 여의치 않으면 그다음은 문예부였다. 어릴 때 시와 산문을 잘 써서 문예부를 선호하고 그랬던 것은 아니다. 단순히 우리 학교에서 그리 멀리 떨어지지 않은 곳에 여중이 하나 있었는데 여학생들이 문예 활동을 좋아할 것 같아서가 가장 큰 이유였다. 형들을 통해 '시화전'이라는 것이 열리고, 남·여 학교 간 교류가 자연스럽게 이루어진다는 것을 알고 있었기 때문이다.

어쨌든 나의 선택은 자유교양부였다. 지금 생각해 보면, 자유교양부는 탁월한 선택이었다. 그 덕에, 그렇지 않았더라면 결코 읽지 않았을 훌륭한 책들을 여러 번 반복해서 읽게 되었다. 당시 문교부(현 교육부) 방침이었겠지만 자유교양은 전국적인 테스트가 이루어지는 그런 것이었다. 학교 대표, 군 대표, 도 대표 등으로 선발되면, 학생들이 무슨 입시 과목처럼 경쟁시험을 치르는 그런 형태였다. 당시 나는『그리스 로마 신화』,『신약』,『소학』,『구운몽』 등을 읽었고 반세기가 지난 지금까지도 내용의 상당 부분을 기억하고 있다. 그런 책을 읽는 과정에서, 서포 김만중이『구운몽』과『사씨남정기』를 어머니를 위해 썼다는 것을 알았다. 조선 중기인 17세기 중반 관직에 있는 유학자가 누구나 쉽고 재미있게 읽을 수 있는 소설을 발표하는 것이 여러 측면에서 여의치 않았을 텐데 효심이 대단하다는 생각을 할 수밖에 없었다. 그런데 최근 기록을 보니 서포는 본인이 선천에 유배되었을 때 고향 마을에 계시는 어머니의 다친 마음을 위로하기 위해『구운몽』과『사씨남정기』를 썼다고 한다. 창작 계기의 수수께끼도 풀리고 작가의 따뜻한 마음 또한 오롯이 전해졌다. 사실상 그리고 어쩌면 1인 독자를 위해 긴 이야기를 만들고 다듬었다는 것은 그 자체로 가슴을 따뜻하게 한다.

이 책의 전작으로 볼 수 있는 『관계 담론 - 좋은 사회로 가는 길』에 대한 사회적 반응이 그렇게 썩 좋지는 못했다. 출판사에서 받아 든 인세를 보고 아내의 첫 번째 반응은 “아니, 교수기에 망정이지, 전문 작가라면 굶어 죽기 딱 십상이네.” 하며 웃었다. 그렇다. 전문 작가들의 고충을 실감하는 순간이었다. 『블랙 스완』의 나심 탈레브가 지적한 것처럼 책 쓰기는 아이디어 작업으로, 독자 수가 100명이든 10만 명이든 저자의 수고 총량은 똑같다. 보통 저자는 책값의 10% 정도를 인세로 받는다. 한 해에 한 권 정도를 출판한다고 가정하면 전업 작가의 경우 책별로 대략 5만 권 정도를 팔아야 생계 유지가 가능하다. 물론 해리 포터 시리즈의 조앤 롤링처럼 수백만, 수천만 권을 팔 수 있으면 억만장자까지 될 수 있다. 그런데 필자와 같이 본업이 있고 그곳에서 충분히 생계를 꾸려 갈 수 있으면, 독자층의 두터움보다 독자들의 공감도가 매우 중요하다. 현실 문제에 대한 저자의 인식과 판단을 투영한 거울 같은 이미지에 공감해 주는 독자가 있으면 그 숫자가 비록 소수라도 저자로선 이야기를 엮어 갈 충분한 동인을 얻을 수 있다. 귀양 간 아들 때문에 낙심한 어머니를 생각하며 서포 김만중은 긴 이야기책을 썼지만, 나는 『관계 담론 - 좋은 사회로 가는 길』을 두 번씩이나 읽어 주는 독자의 공감 때문에 이 책 『좌표 담론 - 기억과 이해의 길』을 완성하게 되었다.

여기서 '좌표 담론 - 기억과 이해의 길'이라는 책 이름에 대해 언급할 필요가 있을 것 같다. 가까운 친구들, 후배들 중 몇 사람이 '관계 담론 - 좋은 사회로 가는 길'이라는 책 이름이 책의 내용에 비해 다소 무겁고 매력도 떨어지는 것 같다는 지적을 해 주었다. 좀 더 가볍고 바로 손이 가는 매력적인 책 제목을 골랐다면 보다 많은 독자들에게 다가갈 수 있지 않았겠냐고 했다. 적절한 지적이라고 생각한다. 하지만 지금 책 이름을 다시 정한다고 해도 고민은 하겠지만 아마 그때와 똑같이 지금의 제목을 택할 것 같다. 이유는 크게 두 가지다. 10개의 소주제로 구성되어 있는 책을 하나의 큰 주제로 아우를 때, '관계 담론 - 좋은 사회로 가는 길'보다 나은 제목을 포착할 수 없기 때문이다. 그다음은 명시적으로 언급되었든 아니든 사회적 자본의 정책 적용성 측면이 핵심 콘텐츠로 반영되었는데, 그 측면에서도 '관계 담론 - 좋은 사회로 가는 길'이 적합한 제목으로 생각되기 때문이다. 요는, 독자들의 포괄적 호응이 있으면 좋겠지만, 그렇지 않더라도 기본에 보다 충실한 책을 만들고 싶었다. 식당 상호가 그렇게 매력적이지 않고 다소 투박하더라도 한 번 다녀간 고객이 아는 사람을 데려오는 그런 식당 같은 책이 『관계 담론 - 좋은 사회로 가는 길』 집필의 지향점이었다. 그리고 동일한 맥락에서 이 책 『좌표 담론 - 기억과 이해의 길』의 작명 과정에서도 비판적인 의견이 있었다. 오히려, 본문의 한 꼭지인 '빨셈 미학 - 기억과 이해의 길'이 훨씬 더 매력적인 제목이라는 의견이 있었다. 동의한다. 책 이름으로 '빨셈 미학 - 기억과 이해의 길'이 훨씬 팬시하고 독자들의 궁금증을 불러일으킬 수 있는 제목이라고 생각한다. 하지만 이번에도 주변 지인들의 건설적 충고를 받아들이지 못하고 '좌표 담론 - 기억과 이해의 길'로 책 이름을 정했다. 서로 오누이 관계인 두 책의 성격을 고려하고, 21세기 삶을 꾸려 가는 현대인 모두에게 가장 중요한 화두 중 하나가 '좌표'가 아닌가 생각했기 때문이다. 올챙이와 개구리의 배를 갈라서 그 둘의 유사점과 차이점 그리고 연결성을 들여다보고 싶었던 어린 시절의 궁금증이 반세기 간의 숙성 기간을 거쳐 하나하나 펼쳐진 것이 『관계 담론 - 좋은 사회로 가는 길』과 『좌표 담론 - 기억과 이해의 길』의 꼭지들이다. 독자들의 반응이 궁금하다.

미주

차마

1 Ostrom and Ahn, 2007.

2 김종오, 1983.

3 현장 법사는 법상종의 창시자다. 수(隋) 문제 때 선비 집안에서 탄생했고 부친 역시 수나라 때 관직에 있었다. 수가 당(唐)나라에 망한 후 혼돈기에 부친이 고향에 은거하게 된다. 어린 나이에 자신이 믿고 따르던 부친이 사망함으로써 생과 사 그리고 세속적인 성공에 대한 인식이 남달랐을 것으로 보인다.

4 대자대비(大慈大悲)는 부처님이 중생을 사랑하는 모습으로 한없이 사랑하고 한없이 슬퍼한다는 뜻이다. 팔공산 파계사에는 '대비암(大悲庵)'이 있다. 부처님이 중생의 고통을 자신의 고통으로 여겨 끝없이 함께 슬퍼해 주는 수행처라는 의미다.

5 「반야심경(般若心經)」은 심경, 반야바라밀다심경, 마하반야바라밀다심경 등으로 일컬어지는 경전으로, 불법의 최고 핵심이 간추려져 있는 경전으로 인식되고 있다. 전체 260자로 아주 짧은 경전이지만, 중생의 모든 괴로움을 건져 주는 방안과 중생이 열반에 드는 길을 담고 있다. 여기서 반야는 중생이 부처님의 지혜를 깨달았을 때 나타나는 근원적인 지혜, 즉 영원불멸의 진리를 뜻한다.

6 관세음보살(觀世音菩薩)은 중생이 겪는 세상의 모든 어려움과 고통의 소리[世音]를 헤아려 들어[觀] 대자대비한 마음으로 해결해 주는 깨달은 사람[菩薩]이다. 중생이 겪는 어려움과 고통의 종류가 너무 다양하고 많으므로 관세음보살은 천 개의 손과 천 개의 눈을 가지고 있다고 한다. 관세음보살은 교화 시 중생의 상태에 맞추어 다양한 모습으로 나타나는데 이를 보문시현(普門示現)이라 한다. 경주 불국사에 가면 관세음보살상이 큰 그림으로 그려져 있다. 그 그림에는 기묘하게도 천 개의 손과 천 개의 눈이 그려져 있으며 그 손에는 붓이 들려 있기도 하고, 도끼가 들려 있기도 하며, 또는 서책 등이 들려 있기도 하다. 다만 여기서 천(千)은 숫자 천이라기보다 헤아릴 수 없이 많다는 뜻이다.

7 김종오, 1983: 5-7.

8 현장이 천신만고 끝에 구해 온 불경들은 당시 신라와 일본에 적지 않은 영향을 끼쳤을 것이다. 현장의 영향을 깊이 받은 것으로 보이는 신라인으로 혜초가 있다. 혜초 외에도 서역·천축국까지 구도의 길을 떠난 신라인들이 여럿 있었겠지만 불행히도 관련 자료가 제대로 남아 있지 않다. 혜초(慧超, 704~787)는 자신보다 한 세기 전의 인물인 현장 법사의 선택과 행로에 큰 관심을 가졌던 것으로 보인다. 혜초도 스무 살 무렵에 4년 정도 서역·

천축국을 여행하고 『왕오천축국전(往五天竺國傳)』을 남긴다(혜초, 2013). 둔황의 제17석굴인 장경동을 탐사한 프랑스 탐험가 폴 펠리오가 1908년 약 1,000년간 석굴 속에서 잠자던 『왕오천축국전』을 프랑스로 가져간 덕분에 지금 우리가 그 글을 읽어 볼 수 있다. 혜초는 『왕오천축국전』에 몇 편의 시를 남기고 있다. 우리가 한 인간으로 그를 이해하고 여정의 어려움을 이해하는 데 그 시들이 많은 도움이 된다. 그중 시 한 편을 소개하면 다음과 같다.

그대 서번이 멀어 한숨짓는가
나는 동쪽 길 아득하여 탄식하네.
길은 거칠고 산마루 높은 준령에는 눈도 많이 쌓였는데
험한 골짜기 물가에는 도적 떼가 소리치네.
새는 날아오르다 깎아지른 벼랑에 놀라고
사람은 가는 길을 찾기 어렵구나.
이 생애 눈물 닦을 일 없더니
오늘은 천 갈래나 쏟아지네.

혜초는 서역·천축국까지 해로로 가서 육로로 돌아온 것으로 알려져 있다.

9 탐험 준비는 아문센이 스콧에 비해 한 수 위였던 것 같다. 아문센은 남극점을 향해 위도 1도를 나아갈 때마다 데포(저장소: 나중에 꺼내 쓸 식량과 연료를 파묻어 두는 곳)를 만들어 두고, 귀로에서 확실히 찾을 수 있도록 데포마다 동서로 8km씩 16km 구간에 800m 간격으로 높은 깃발을 세워 두었다. 앞이 잘 보이지 않는 눈보라 속에서도 깃발 하나만 찾을 수 있으면 미리 해 둔 표식을 통해 데포가 현 위치에서 왼쪽 또는 오른쪽에 있는지 알 수 있었다.

10 '지록위마(指鹿爲馬)'는 사슴을 가리키며 말이라고 한다는 뜻이다. 조고는 간계를 써서 이사를 제거한 후 자신에게 도전할 수 있는 중신을 가려내어 확실하게 제거하기 위해 술책을 펼친다. 어느 날 어전 회의장의 한가운데에 잘생긴 사슴 한 마리를 끌어다 놓고 조고가 호해에게 "폐하를 위해 어렵게 구해 온 말이옵니다."라고 고한다. 어리둥절한 호해는 조고가 농담하는 줄 알고 되묻지만 조고는 분명히 말이라고 고한다. 황제가 신하들에게 물어보니 대부분 조고가 두려워 가만히 있거나 말이라고 고한다. 다만, 일부 신하들은 사슴이 맞다고 고하는데, 이들은 추후 조고의 제거 대상이 된다. 그러자 공포정치 형태로 조정은 조고의 뜻대로 굴러가게 된다.

11 박종화, 2021.

빨셈 미학

12 지눌은 고려 중기의 선승으로, 돈오점수(頓悟漸修)와 정혜쌍수(定慧雙修)를 강조했다. 그는 중생의 마음이 곧 부처의 마음임을 깨닫고 선과 교에 집착하지 말고 깨달음의 본질에 천착할 것을 제창했다.

13 가레산스이는 선불교의 영향을 받은 일본 정원 양식이다. 물을 사용하지 않고 바위나 모래, 이끼를 이용한 소박한 정원을 일컫는다. 만물은 궁극적으로 모두 흙으로 회귀한다는

선종 사상을 표현한 것이다.

14 '오유지족(吾唯知足)'의 한자는 네 자 모두 '입 구(口)' 자를 포함하고 있다. 돌 가운데에 '입 구' 자 형태로 홈을 파서 물받이로 사용하고, 그 둘레 네 변에 각각 '吾', '唯', '知', '足'을 '입 구' 자 없이 새겨 놓았다. 축약을 강조하는 일본식 스타일 같아 흥미롭다.

15 스티브 잡스의 생모는 대학원생 시절 잡스를 임신하지만 결혼을 할 수 없는 사정이라 잡스를 교육받은 가정에 입양시키기로 결정한다. 입양의 단 하나의 조건이 대졸자 가정에 잡스를 입양시키는 것이었지만, 잡스를 입양하기로 했던 변호사 가정에서 마지막 순간에 자신들은 딸을 원한다고 마음을 바꾸면서 잡스는 불가피하게 저학력 노동자 가정에 입양된다.

16 카너먼, 2018: 66-69.

17 액스트, 2013: 192-193.

18 액스트, 2013: 208 재인용.

19 브링크만, 2020: 12-14.

20 액스트, 2013: 192.

21 박종화, 2021: 182.

22 카너먼, 2018: 416-458.

좌표 착각

23 고대 중국 춘추 전국 시대부터 백성들의 세 가지 주요 걱정거리[民有三患]로 배고픈 자가 먹을 것이 없는 것[飢者不得食], 추위에 떠는 자가 입을 옷이 없는 것[寒者不得衣], 일만 하고 쉴 수가 없는 것[勞者不得息] 등이 흔히 언급되고 있다.

24 카너먼, 2018: 579.

25 애쓰모글루·로빈슨, 2012: 119.

26 박종화, 2021: 106-108.

27 뷰캐넌, 2010: 214-220 재인용.

28 탈레브, 2008: 464.

29 액스트, 2013: 227 재인용.

30 카너먼(2018: 557-570)은 인간은 경험하는 자아와 기억하는 자아라는 두 개의 자아를 가지고 있음을 강조한다. 인간은 인지 착각에 의해 경험과 그 기억을 혼동한다고 한다. 인간의 취향과 결정은 기억에서 나오는데, 조사 결과에 따르면 기억은 정점과 종점 원칙에 따르고 지속 시간을 무시하는 등 엉터리일 수 있다는 것이다. 경험하는 자아는 발언권이 없고, 기억하는 자아는 더러 엉터리지만 삶의 점수를 기록하고 삶의 교훈을 지배하며 결정을 내리는 자아다. 기억하는 자아가 이야기를 만들고, 그것을 미래의 참고 자료로 간직하기 때문이다.

31 카너먼, 2018: 581-599.

32 심리학자인 진 트웬지와 키스 캠벨의 조사 결과에 따르면, 1950년대에는 10대 학생들 중의 12% 정도가 '자신이 중요한 사람'이라고 생각한 데 반해 1980년대에는 80% 정도가 그렇게 생각했다(부크홀츠, 2017: 212 재인용).

33 부크홀츠, 2017: 216.

세 개의 어구

34 괴이한 일의 전조로서 흰머리 까마귀를 떠올릴 수 있다. 중국 당나라 때의 시인인 두보는 변란 상황의 괴이한 일을 "장안성 위의 머리 흰 까마귀, 밤이면 연추문 위로 날아와 우네"라는 시로 읊었다(유성룡, 2015/1633: 294 재인용).

35 유성룡, 2015/1633: 140-141, 192.

36 각국 병사의 규모는 대략적인 추정치이다. 임진왜란이 개시될 무렵 침략 선봉군은 일본 1군 고니시 유키나가 군(18,700명), 2군 가토 기요마사 군(22,800명), 3군 구로다 나가마사 군(11,000명) 등이다. 명의 원병은 명의 1차 지원군 조승훈 군(3,000명), 2차 지원군 이여송 군(50,000명) 등이다(유성룡, 2015/1633: 88, 192).

37 『징비록』에는 당시의 참혹한 상황에 대해 이렇게 기술되어 있다(유성룡, 2015/1633: 224-225). "부모 자식과 부부가 서로 잡아먹어 그 뼈가 잡초처럼 여기저기 흩어져 있었다." 이순신은 『난중일기』에 이렇게 썼다(이순신, 2019/1594. 2. 9.). "백성들이 굶주려서 서로 잡아먹는 참담한 상황에 앞으로 어떻게 목숨을 보전하여 살 것인지를 물었다."

38 이순신의 학익진 전법이나 거북선 제조 전략 등은 모두 일본군의 수전 방식을 감안한 전략으로 보인다. 옥포 해전을 묘사한 이순신의 장계 「옥포파왜병장」을 보면, 이순신은 조총의 유효 사거리인 50미터 뒤에서 함선을 부채꼴 모양으로 늘어뜨린 채 대포, 화살, 총통 등을 사용해 적을 '일시 집중타'하였음을 기록하고 있다. 이런 형태로 접근전과 선상 백병전에 능한 왜군을 무력화시킬 수 있다고 계산한 것이다(유성룡, 2015/1633: 144, 154-155).

39 유성룡, 2015/1633: 252-253.

40 3로 형태로 나눠 진군한 일본 침략군은 한양성에 단 20일 만에 입성한다. 교통로가 발달하지 않았던 시기에 대규모 군병력이 완전 무장한 채 부산항에 도착해서 한양성까지 도달하는 데 20일밖에 걸리지 않았다는 것은 많은 것을 시사한다. 조선 육군은 일본 육군과 견줄 상대가 아니었다는 것이 불행하게도 만천하에 드러난 것이다. 이런 일본군의 전과에 명 조정은 조선이 일본과 전쟁할 뜻이 없고 오히려 길잡이 역할을 하고 있는 것이 아닌가 의심까지 한 것으로 알려져 있다. 임진년 봄에 당시 좌의정을 맡고 있던 유성룡은 조선 육군의 수장이 될 신립과 이일을 각각 변방에 보내어 전쟁 대비 상황을 점검케 한다. 그런데 그들은 현장을 점검하고 방어책을 마련한 것이 아니라 시찰에 그쳤음을 유성룡은 지적하고 있다. 특히, 임진년(1592) 4월 1일 유성룡이 신립을 만난 자리에서, "조만간 변고가 생기면 공께서 맡아서 해결해 주셔야 하는데, 공이 보시기에 지금 적들의 형세는 어떻습니까?" 하니, 신립이 적을 매우 가소로이 여기며 "걱정할 것 없습니다."라고 답한다. 그런데 정작 신립은 조선의 정예군을 이끌고도 탄금대 전투에서 제대로 싸워 보지도 못하고 패한다. 자신도 강물에 뛰어들어 죽었다(유성룡, 2015/1633: 51, 75, 314).

41 『난중일기』에 병신년(1596) 4월에 장사치를 가장한 부산의 정탐 왜병 4명을 효수했다는 기록이 있다. 일본군으로서는 수군의 규모, 전선 관리 상태, 군량 조달 상황, 훈련 상태, 사기 등등 조선 수군의 기본 정보를 파악하기 위해 여러 방면으로 노력했을 것이다. 그리고 그 과정에서 적장 암살의 가능성도 타진했을 것이다.

42 요시라는 고니시 유키나가 휘하의 통역관으로, 조선어에 능통했던 것으로 알려져 있다. 요시라는 고니시 유키나가의 밀명을 받고 김응서 경상우병사 진영을 왕래하며 정성을 보이면서 이중간첩의 역할을 수행했다(유성룡, 2015/1633: 240).

43 명량 해전은 이순신에게도 승산이 별로 없는 도박과 같은 전투였음이 『난중일기』의 요소요소에 적시되어 있다. 명량 해전은 정유재란이 발발한 후 정유년(1597) 9월 16일에 일어난 전투다. 장군은 그해 4월 1일 감옥문을 나서서 권율 휘하에 백의종군한다. 그 과정에서 경상우수사 겸 삼도수군통제사였던 원균이 이끌던 조선 수군이 동년 7월 16일 칠천량 해전에서 대패했다는 소식을 접한다. 전선 대부분이 불타거나 격침되고 조선 수군의 핵심 장군들과 군인들이 이 전투에서 적의 계략에 빠져 전사한다. 수군통제사 원균, 전라우수사 이억기, 충청수사 최호 등이 모두 이 전투에서 전사한다. 이런 상태에서 약 2주 후인 8월 3일 백의종군 중이던 이순신에게 삼도수군통제사를 겸하라는 왕명이 떨어진다. 7월 18일 자 『난중일기』에 의하면, 당시 도원수였던 권율은 "일이 이 지경에 이르렀으니 어쩔 수 없다."라고 했고, 이순신은 "내가 직접 연해 지방에 가서 듣고 본 뒤에 결정하겠다."라고 한다. 권율의 전략은 칠천량 해전에서의 대패로 인해 조선 수군을 없애고 남은 병사들을 모두 육군으로 편입해 전쟁을 수행할 수밖에 없다는 것이었고, 이순신은 현장 상황을 직접 살펴본 후 결정하겠다는 것이었다. 이런 절박한 상황에서 남아 있는 전선 13척과 살아남은 병졸을 수습해 적의 전선 133척을 명량으로 유인하여 31척의 적선을 분멸한 전공을 세운 것이 바로 명량대첩이다. 이순신 본인도 기대할 수 없었던 전공이었을 것이다.

44 명량(鳴梁)은 울돌목으로, 현재 전라남도 해남군 문내면 학동리와 진도군 군내면 녹진리 사이의 좁은 해협이다. 남해와 서해의 조수가 좁은 수로(293m)와 얕은 수심(19m)에서 교차하면서 사리[大潮] 때는 물살이 매우 빨라지고 물이 우는 소리가 멀리서도 들린다고 해서 바닷목이 우는 곳, 즉 울돌목이란 지명이 생긴 곳이다. 적선 2백여 척이 명량을 거쳐 양도 부근으로 향한다는 첩보를 받고 명량으로 출전했지만, 9월 16일 자 『난중일기』에 "적선 133척이 우리 배를 에워싸자 배 위 군사들이 서로 돌아보며 얼굴빛이 질려 있었다.", "여러 장수들은 스스로 적은 군사로 많은 적을 대하는 형세임을 알고 회피할 꾀만 내고 있었다."라는 기술이 있는 것으로 보아 이순신은 망설이는 장졸들을 엄히 독려하고 가장 앞서 진격함으로써 기적적으로 승리를 쟁취했던 것이다. 이순신의 전설적인 명성과 바닷물이 울고 있는 울돌목의 지형적 특성상 일본군은 섣불리 공격했다가는 섬멸당할 수도 있겠다는 생각에 13척에 불과한 소규모의 조선 수군의 공격에도 머뭇거리고 물러섬으로써 이순신은 승리의 단초를 얻었던 것이다. '필사즉생 필생즉사(必死則生 必生則死)'가 현실화된 것이다. 이는 중국 『삼국지』에 나오는, 위와 촉 간의 전쟁에서 이미 죽은 제갈공명이 살아 있는 사마의를 이긴 고사에 비견되는 사례로 보인다.

45 유성룡, 2015/1633: 240-241.

46 이순신의 죄목은, '조정을 기만해 임금을 무시한 죄, 적을 놓아줘 나라를 저버린 죄, 남의 공을 가로채 모함한 죄' 등이다(『선조실록』, 1597년 3월 13일). 이순신에 대해 붙여진 죄명이 무시무시하다. 살아남기 힘든 죄명이다. 이순신은 장계를 통해 자신이 직접 처벌하기 곤란한 여타 장수들의 비위를 조정에 보고한 것으로 알려져 있다. 이 부분이 '남의 공을 가로채 모함한 죄'라는 죄목으로 명기되어 있다. 이순신 장군은 원균과의 악연에 대해 『난중일기』 곳곳에 아주 여러 번 적시하고 있다. 이 장군이 가장 많은 비난, 가장 심한 비난을 한 조선 장수가 원균임에는 틀림이 없다. 사실, 7년간의 『난중일기』 기록 중 다른 사람들에 대한 비난도 있지만 대개 한 건에 그치고 두 번 비난하는 경우는 찾기 어렵다. 정유년(1597) 5월 8일 자 『난중일기』, "…… 원(원균)이 온갖 계략으로 나를 모함하니 이 또한 운수로다. 짐을 실은 것이 서울 가는 길에 연잇고 나를 훼방하는 것이 날로 심하니, 스스로 불우함을 한탄할 따름이다." 당시 경상우수사 겸 삼도수군통제사를 맡고 있던 원균

이 백의종군 기간 중인 이 장군을 계속 음해하고 중앙 조정 대신들에게 뇌물을 상납하고 있음을 기록하고 있다. 원균과의 이런 악연들이 하도 많아 그조차 자신의 운명으로 받아들이고자 하는 자세를 읽을 수 있다.

47 명량대첩 8일 전인 정유년(1597) 9월 8일 자 『난중일기』에는 이렇게 쓰여 있다. "…… 우수사 김억추는 겨우 만호에만 적합하고 장수의 임무를 맡길 수 없는데, 좌의정 김응남이 그와 친밀한 사이라고 해서 함부로 임명하여 보냈다." 약 두 달 전인 7월 16일 새벽에 조선 수군이 칠천량에서 대패한 후 전선과 인재 그리고 무기 모두를 대부분 상실한 상태에서도 정신을 차리지 못하는 조정 대신들에 대한 장군의 실의와 절망감이 일기에 잘 나타나 있다.

48 정유년(1597) 4월 2일 자 『난중일기』에 이렇게 쓰여 있다. "종일 비가 내렸다. …… 저녁에 성으로 들어가 영의정(유성룡)과 이야기하다가 닭이 울어서야 헤어져 나왔다." 동년 4월 5일 자 『난중일기』에는 이렇게 쓰여 있다. "해가 뜰 때 길을 떠나 곧장 선산으로 갔다. …… 묘소 아래에서 절하고 곡하는데 한참 동안 일어나지 못했다." 감옥을 나온 그해 4월 1일부터 장군은 다시 일기를 쓰고 있다. 이튿날 저녁에 당시 영의정이었던 유성룡을 만나 새벽 닭이 울 때까지 이야기를 나누었다는 것을 볼 때, 둘의 관계가 매우 가까웠음을 쉽게 알 수 있다. 아마 유성룡은 여러 사정상 직접 이순신을 구명하지는 못했지만 그의 장점을 너무나도 잘 알고 있었기 때문에 중립적인 노정승인 정탁에게 이순신 구명의 필요성을 이야기하고 도와 달라고 요청했을 가능성이 높다. 그리고 이순신 장군이 부친과 두 형의 묘소가 있었던 선산에서 곡하고 한참 동안 일어나지 못했다는 내용은 많은 것을 시사한다. 참소 피해를 입은 자신과 가족의 운명 그리고 기울어 가는 나라의 운명 등이 겹쳐서 마음 깊은 곳에서 통곡했을 것이다.

49 유성룡, 2015/1633: 233.

50 유성룡, 2015/1633: 232.

51 유성룡, 2015/1633: 235-236.

52 1597년 10월 14일 자 『난중일기』에 이렇게 쓰여 있다. "슬프다, 내 아들아! 나를 버리고 어디로 간 것이냐. 영특한 기질이 남달라서 하늘이 세상에 머물러 두지 않은 것인가. 내가 지은 죄 때문에 화가 네 몸에 미친 것이냐. 이제 내가 세상에서 끝내 누구를 의지할 것인가."

53 유성룡, 2015/1633: 254-258.

54 유성룡, 2015/1633: 245.

55 칠천량 해전에서 패한 후 약 한 달이 못 되는 정유년 8월 12일 자 『난중일기』에 "배설의 겁내하는 기색을 들으니 더해지는 탄식을 참지 못했다."라고 나온다. 9월 2일 자 『난중일기』에는 "배설이 도주했다."라고 쓰여 있다. 이순신 장군의 『난중일기』를 보면 배설은 장군이 될 수 없는 인물이다. 그런데 역설적이게도 배설의 이런 소심함이 12척의 전선을 칠천량에서 건졌다고도 볼 수 있다. 만약 배설의 함대까지 격침되었으면 아마 조선 수군은 파하고 모두 권율의 육군으로 편입되었을 것이다.

56 유성룡, 2015/1633: 267-268.

57 박종화, 2021: 122-123.

58 '집사광익(集思廣益)'을 실천한 것인데, 이는 여러 사람의 생각을 모으고 유익한 점은 널리 확대한다는 뜻이다. 제갈량이 동료와 부하들에게 공개적으로 쓴 편지에 나오는 말이다. "모든 일은 반복된 토의를 거친 후에라야 가장 정확한 결론을 얻어 낼 수 있다."(차이

위치우 외, 2003/1993: 205).

59 정유년(1597) 1월 원균이 삼도수군통제사가 된 후의 정황이 『징비록』에 기록되어 있다. "원균은 운주당에 애첩을 데려다 놓고 둘레에는 두꺼운 울타리를 쳐 안과 밖을 격리시켰다. 여러 장수들이 그의 얼굴을 볼 수가 없었다."(유성룡, 2015/1633: 244-245).

60 유성룡, 2015/1633: 278-282.

61 올든버그, 2019: 152-173.

블랙 커뮤니티

62 액스트, 2013: 107-110 재인용.

63 박종화 외, 2013: 27-28 재인용.

에릭 블레어의 통찰

64 탈개인화 현상은 가해자와 피해자를 본질적으로 익명의 존재로 만들어서 개인의 존재를 특정한 유형이나 역할로 변형시켜 버린다. 예비군복을 입은 사람의 행태를 떠올리면 금방 이 개념을 포착할 수 있다. 탈개인화에 의해 사람들은 일반적으로 존재하는 사회적 제재를 외면하게 되고 내면의 '도덕적 의문(moral doubts)' 역시 침묵하게 된다(선스타인, 2011: 106).

65 밀그램, 2009: 17-38.

66 복종과 동조 모두 사실상 주도권을 다른 사람에게 이양하는 형태로서 그 나름대로 강력한 사회적 영향을 미치게 된다. 스탠리 밀그램은 위계, 모방, 명확성, 자발성 등의 측면에서 두 개념의 차이점을 다음과 같이 정리하고 있다(밀그램, 2009: 171-179). 복종은 수직적 위계이고 동조는 수평적 위계에 속한다. 동조는 모방의 형태로 행동을 획일화한다. 반면에 복종은 모방이 아니라 순종의 형태이다. 복종은 요구나 명령의 형태로 행동에 대한 지시가 명확하다. 반면에 동조는 요구가 은연중에 드러난다. 복종은 자신의 행동을 개인적 특성과는 무관한 권위자의 요구 때문이라 인식해서 자신의 행동에서 자율성이 없었고 따라서 자신은 결과에 대한 책임이 없다고 주장한다. 반면에 동조는 자신의 행동에서 타인이나 집단의 영향을 무시하고 자신의 자율적인 판단의 결과라고 인식한다. 따라서 자신이 타인이나 집단에 동조한 정도를 최소화하는 경향을 보인다.

67 필립 짐바르도의 스탠퍼드 교도소 실험 결과 역시 상황주의 입장을 강력하게 뒷받침한다. 필립 잠바르도가 지역신문 광고를 통해 모집한 24명을 교도관 역할과 죄수 역할로 나누어 실험해 보니 죄수들은 점차 좀비같이 변해 갔고 간수들은 점점 더 잔인하고 공격적인 인물로 변해 갔다. 개인 품성의 중요성은 우리가 생각하는 것보다 훨씬 미약했던 것이다. 비슷한 사람들을 단순히 두 집단으로 나누었는데, 일주일도 지나지 않아 두 집단 간에는 비슷한 점을 찾기 어렵게 된 것이다(선스타인, 2011: 100-106 재인용). 저명한 동양의 사상가들 역시 사회적 환경의 중요성을 다음과 같이 표현하고 있다. 맹자는 '술불가불신(術不可不愼, 직업은 신중하게 결정하지 않으면 안 된다는 것)'을, 순자는 '봉생마중불부이직(蓬生麻中不扶而直, 쑥이 삼밭에서 자라면 옆에서 붙잡아 주지 않아도 곧게 자라게 된다는 것)'을 강조했다.

68 스나이더, 2017: 91-92.

69 스나이더, 2017: 43-45.

70 스나이더, 2017: 29 재인용.

71 스나이더, 2017: 114-116.

72 선스타인, 2011: 150-156.

73 스나이더, 2017: 86-87.

74 스나이더, 2017: 87-90 재인용.

75 다시는 일어서기 힘들도록 독일 경제를 완전히 파괴하는 쪽으로 가닥이 잡힌 '파리 평화회의'와 베르사유 강화 조약의 문제점을 조목조목 지적하고 관용에 바탕을 둔 평화가 진정한 평화의 길임을 예견한 존 케인스의 명저『평화의 경제적 결과』가 유명하다.

76 파울 괴벨스(1897~1945)는 히틀러 집권 후 선전부 장관으로 맹활약한 인물이다. 한창때인 20대 후반에 한 술집에서 히틀러를 우연히 만난 후 히틀러의 연설에 매료되어 히틀러와 나치당의 적극적 동조자가 된다. 그는 당시 새로운 미디어 매체인 라디오를 적극적으로 활용한다. 가짜 뉴스를 반복해서 전달해서 독일 국민들의 귀를 가리고 궁극적으로 눈까지 흐리게 하는 데 성공한다. 그는 유대인을 '기생충' 내지 '악마의 화신'으로 낙인찍는 등 홀로코스트를 정당화한다. 제2차 세계 대전에서의 패전 직전에 권총으로 일가족 동반 자살을 선택한다.

77 카너먼, 2018: 161, 212.

78 탈레브, 2008: 187-216.

79 카너먼, 2018: 76, 107.

80 선스타인, 2011: 78-79.

81 선스타인, 2011: 167.

82 우리 헌법은 국가 권력의 남용으로부터 국민의 기본권을 보호하려는 법치국가의 실현을 기본 이념으로 하고 있다. 이때의 법치국가 내지 법치주의는 '법의 지배(rule of law)'를 의미한다. '법의 지배'는 명확하게 규정되고 공포된 법에 의해 국가 권력을 제한·통제함으로써 최고 권력자의 자의적인 지배를 막는다. 따라서 '법의 지배'하에서는 모든 사람이 예외 없이 국민의 의사로서 표현된 법에 종속된다. 반면에, '법에 의한 지배(rule by law)'에서는 법이 최고 권력자의 의사를 실현하는 도구나 수단이 될 수 있다. 전체주의 국가나 독재 정부, 군주국가 등에서의 법은 최고 권력자의 의지를 의미하며, 최고 권력자는 법 위에 존재하는 실체가 되는 것이다. 이때의 법적 지배는 '법에 의한 지배' 형태를 의미한다.

83 정치·사회 활동의 종국적 기반이 되는 것은 인간의 복지라고 믿고 자유 민주주의 체제하에서 폭넓은 실험과 타협을 통해 경제적 평등을 지향하는 사회주의 이념이 사회 민주주의이다(왓킨스, 1982: 152-169).

채귀

84 부크홀츠, 2017: 81.

85 부크홀츠, 2017: 110.

86 액스트, 2013: 87-102.

87 부크홀츠, 2017: 165-167.

88 박종화, 2021: 55-76.

89 카너먼, 2018: 70; 애리얼리, 2012: 132.

90 뷰캐넌, 2010: 123-130.

91 뷰캐넌, 2010: 127 재인용.

92 솔로몬 애쉬(Solomon Asch)의 동조 실험 결과는 우리가 집단 압력에 얼마나 취약한지를 잘 보여 주는 것으로 유명하다. 피실험자에게 특정 길이의 직선을 하나 보여 준 후, 그 직선과 길이가 같은 직선을 다른 세 개의 선 중에서 고르라고 하는 지극히 단순한 문제의 경우에도, 다른 사람들이 모두 오답을 고르면 피험자도 오답을 하게 될 가능성이 상당히 높아진다는 것이다. 예컨대, 혼자일 때에는 99%인 정답률이 집단 압력을 강하게 받는 경우(즉 다른 사람들이 모두 오답을 하는 경우)에는 오답률이 36.8%에 달한다는 것이다. 실제적 압력이든 상상 속의 압력이든 집단의 압력을 받을 경우 개인의 신념이나 행동에서 변화가 초래될 수 있음을 잘 보여 주는 흥미로운 실험 결과이다.

참고 문헌

차마

김종오, 1983, 『반야심경』, 정음사.

박종화, 2021, 『관계 담론 - 좋은 사회로 가는 길』, 경북대학교출판부.

사마천, 1999, 『사기열전』, 김원중 역, 을유문화사.

톨스토이, 레프 N., 2015/1881, 『사람은 무엇으로 사는가』, 이순영 역, 문예출판사.

톨스토이, 레프 N., 2016/1886, 『이반 일리치의 죽음』, 이순영 역, 문예출판사.

혜초, 2013, 『왕오천축국전』, 김규현 역주, 글로벌콘텐츠.

Ostrom, E. & Ahn, T. K., 2007, "The Meaning of Social Capital and Its Link to Collective Action", *W07-19*, Indiana University, 1-34.

뺄셈 미학

공자, 2022, 『논어』, 오세진 역, 홍익.

드러커, 피터 F., 1994, 「자본주의 사회에서 지식사회로」, 『지식자본주의 혁명(*The Knowledge Economy* by Dale Neef, 1997)』, 기술과 진화의 경제학연구회 역, 21세기북스.

드러커, 피터 F., 2013, 『프로페셔널의 조건(*The Essential Drucker on Individuals* by Peter F. Drucker, 2008)』, 이재규 역, 청림출판.

디킨스, 찰스, 2006, 『올리버 트위스트(*Oliver Twist* by Charles Dickens, 1838)』, 왕은철 역, 푸른숲.

밀러, 아서, 2009, 『세일즈맨의 죽음(*Death of a Salesman* by Arthur Miller, 1947)』, 강유나 역, 민음사.

박종화, 2021, 『관계 담론 - 좋은 사회로 가는 길』, 경북대학교출판부.

브링크만, 스벤, 2020, 『절제의 기술(*The Joy of Missing Out* by Svend Brinkmann, 2017)』, 강경이 역, 다산초당.

생텍쥐페리, 앙투안 드, 2015, 『어린 왕자(*Le Petit Prince* by Antoine De Saint-Exupery, 1943)』, 김미성 역, 인디고.

액스트, 대니얼, 2013, 『자기 절제 사회(*We have met the enemy: Self-control in an Age of Excess* by Daniel Akst, 2011)』, 구계원 역, 민음사.

카너먼, 대니얼, 2018, 『생각에 관한 생각(*Thinking, Fast and Slow* by Daniel Kahneman, 2011)』, 이창신 역, 김영사.

톨스토이, 레프 N., 2016/1886, 『이반 일리치의 죽음(*The Death of Ivan Ilyich* by Lev Tolstoi, 1902)』, 이순영 역, 문예출판사.

포르테, 티아고, 2023, 『세컨드 브레인(*Building A Second Brain* by Tiago Forte)』, 서은경 역, 쌤앤파커스.

Leary, Mark R., 2004, *The Curse of the Self: Self-Awareness, Egotism, and the Quality of Human Life*, Oxford University Press.

좌표 착각

러바인, 로버트·러바인, 세라, 2022, 『부모는 중요하지 않다(*Do Parents Matter?* by Robert Alan LeVine and Sarah LeVine, 2017)』, 안준희 역, 눌민.

모어, 토머스, 2011, 『유토피아(*Utopia* by Thomas More, 1516)』, 김남우 역, 문예출판사.

박종화, 2021, 『관계 담론 - 좋은 사회로 가는 길』, 경북대학교출판부.

부크홀츠, 토드, 2017, 『다시, 국가를 생각하다(*The Price of Prosperity* by Todd G. Buchholz, 2016)』, 박세연 역, 21세기북스.

뷰캐넌, 마크, 2010, 『사회적 원자(*The Social Atom* by Mark Buchanan, 2007)』, 김희봉 역, 사이언스북스.

비숍, 이사벨라 L. 버드, 2000, 『조선과 그 이웃 나라들(*Korea and her Neighbors* by Isabella L. Bird Bishop, 1897)』, 신복룡 역, 집문당.

애쓰모글루, 대런·제임스 A. 로빈슨, 2012, 『국가는 왜 실패하는가(*Why Nations Fail* by Daron Acemoglu and James A. Robinson, 2012)』, 최완규 역, 시공사.

액스트, 대니얼, 2013, 『자기 절제 사회(*We have met the enemy: Self-control in an Age of Excess* by Daniel Akst, 2011)』, 구계원 역, 민음사.

카너먼, 대니얼, 2018, 『생각에 관한 생각(*Thinking, Fast and Slow* by Daniel Kahneman, 2011)』, 이창신 역, 김영사.

위고, 빅토르, 2012, 『레 미제라블(*Les Miserables* by Victor Hugo, 1862)』, 정기수 역, 민음사.

탈레브, 나심 N., 2018, 『블랙 스완(*Black Swan* by Nassim N. Taleb, 2007)』, 차익종·김현구 역, 동녘사이언스.

Bouchaud, Jean-Philippe & Mezard, Marc, 2000, "Wealth condensation in a simple model of economy", *Physica A*, 282.

Buchholz, Victoria J., 2013, *Locus of Control and Political Orientation: A Relationship, dissertation*, University of Cambridge, May.

Friedman, Milton & Friedman, Rose, 1980, *Free To Choose*, Harcourt.

Spinoza, Benedict de, 2005/1677, *Ethics*, trans, Edwin Curly, Penguin Classics.

Twenge, Jean M. & Campbell, W. Keith, 2009, *The Narcissism Epidemic: Living in the Age of Entitlement*, New York: Free Press.

세 개의 어구

유성룡, 2015/1633, 『징비록』, 오세진·신재훈·박희정 역, 홍익출판사.
박종화, 2021, 『관계 담론 - 좋은 사회로 가는 길』, 경북대학교출판부.
사마천, 『사기 열전』, 김원중 역, 을유문화사.
이순신, 2019, 『난중일기』, 노승석 역, 여해.
차이위치우 외, 2003/1993, 『모략』, 김영수 편역, 들녘.

블랙 커뮤니티

뒤르켐, 에밀, 2012, 『사회분업론(*De La Division du Travail Social* by David Émile Durkheim, 1893)』, 민문홍 역, 아카넷.
올든버그, 레이, 2019, 『제3의 장소(*The Great Good Place* by Ray Oldenburg, 1999)』, 김보영 역, 도서출판 풀빛.
박종화·윤대식·이종열, 2013, 『도시행정론 - 이론과 정책』(제4판), 대영문화사.
박종화, 2021, 『관계 담론 - 좋은 사회로 가는 길』, 경북대학교출판부.
액스트, 대니얼, 2013, 『자기 절제 사회(*We have met the enemy: Self-control in an Age of Excess* by Daniel Akst, 2011)』, 구계원 역, 민음사.
퍼트넘, 로버트, 2009, 『나 홀로 볼링 - 사회적 커뮤니티의 붕괴와 소생(*Bowling Alone - The Collapse and Revival of American Community* by Robert D. Putnam, 2001)』, 정승현 역, 도서출판 페이퍼로드.
한병철, 2012, 『피로사회(*MÜDIGKEITSGESELLSCHAFT*)』, 김태환 역, 문학과지성사.
Schwartz, Barry, 2017, *The Paradox of Choice: Why More is Less*, Brilliance Audio.
Wirth, Louis, 1938, "Urbanism as a Way of Life", *American Journal of Sociology*, July.

에릭 블레어의 통찰

밀그램, 스탠리, 2009, 『권위에 대한 복종(*Obedience To Authority* by Stanley Milgram, 1974)』, 정태연 역, 에코리브르.
바우만, 지그문트, 2013, 『현대성과 홀로코스트(*Modernity & Holocaust* by Zygmunt Bauman, 2013)』, 정일준 역, 새물결.
선스타인, 캐스 R., 2011, 『우리는 왜 극단에 끌리는가(*Going To Extremes* by Cass R. Sunstein, 2009)』, 이정인 역, 도서출판 프리뷰.
세익스피어, 윌리엄, 2001, 『오셀로(*Othello* by William Shakespeare, 1604)』, 최종철

역, 민음사.

스나이더, 티머시, 2017, 『폭정 - 20세기의 스무 가지 교훈(*On Tyranny: Twenty Lessons from the Twentieth Century* by Timothy Snyder, 2017)』, 조행복 역, 열린책들.

스나이더, 티머시, 2019, 『가짜 민주주의가 온다(*The Road to Unfreedom* by Timothy Snyder, 2018)』, 유강은 역, 부키.

오웰, 조지, 2003, 『1984(*1984* by George Orwell, 1949)』, 정회성 역, 민음사.

오웰, 조지, 2021, 『동물농장(*Animal Farm* by George Orwell, 1945)』, 도정일 역, 민음사.

왓킨스, F. M., 1982, 『이데올로기의 시대(*The Age of Idelogy* by F. M. Watkins, 1964)』, 이홍구 역, 을유문화사.

열자, 2011, 『열자』, 김학주 역, 연암서가.

카너먼, 대니얼, 2018, 『생각에 관한 생각(*Thinking, Fast and Slow* by Daniel Kahneman, 2011)』, 이창신 역, 김영사.

케인스, 존 M., 2016, 『평화의 경제적 결과(*The Economic Consequences of the Peace* by John M. Keynes, 1919)』, 정명진 역, 부글북스.

탈레브, 나심 N., 2018, 『블랙스완(*Black Swan* by Nassim N. Taleb, 2007)』, 차익종·김현구 역, 동녘사이언스.

후쿠야마, F., 1992, 『역사의 종말(*The End of History and the Last Man* by F. Fukuyama, 1992)』, 이상훈 역, 한마음사.

후쿠야마, F., 1996, 『트러스트(*Trust* by F. Fukuyama, 1995)』, 구승희 역, 한국경제신문사.

Fromm, Erich, 1994/1941, *Escape From Freedom*, Holt Paperbacks.

채귀

디턴, 앵거스·케이스, 앤, 2021, 『절망의 죽음과 자본주의의 미래(*Death of Despair and the Future of Capitalism* by Anne Case & Angus Deaton, 2020)』, 이진원 역, 한국경제신문.

박종화, 2021, 『관계 담론 - 좋은 사회로 가는 길』, 경북대학교출판부.

부크홀츠, 토드, 2017, 『다시, 국가를 생각한다(*The Price of Prosperity* by Todd G. Buchholz, 2016)』, 박세연 역, 21세기북스.

뷰캐넌, 마크, 2010, 『사회적 원자(*The Social Atom* by Mark Buchanan, 2007)』, 김희봉 역, 사이언스북스.

액스트, 대니얼, 2013, 『자기 절제 사회(*We have met the enemy: Self-control in an Age of Excess* by Daniel Akst, 2011)』, 구계원 역, 민음사.

애리얼리, 댄, 2012, 『거짓말하는 착한 사람들 - 우리는 왜 부정행위에 끌리는가(*The (Honest) Truth about Dishonesty* by Dan Ariely, 2012)』, 이경식 역, 청림출판.

우승택, 2010, 『사마천의 화식열전 1』, 참글세상.

카너먼, 대니얼, 2018, 『생각에 관한 생각(*Thinking, Fast and Slow* by Daniel

Kahneman, 2011)』, 이창신 역, 김영사.

퍼트넘, 로버트, 2016, 『우리 아이들(*Our Kids: The American Dream in Crisis* by Robert D. Purtnam, 2015)』, 정태식 역, 페이퍼로드.

피케티, 토마, 2014, 『21세기 자본론(*Capital in the Twenty First Century* by Thomas Piketty, 2013)』, 장경덕 외 역, 글항아리.

OECD, 2018, *A Broken Social Elevator? How to Promote Social Mobility*, June 15.

찾아보기